Sessenta Segundos

Philip Charles

Sessenta Segundos

Prefácio de Caroline Myss

Sixty Seconds
Copyright © 2008 by Phillip Charles
"Seeing Around the Corner" (revised) from *Kitchen Table Wisdom* by Rachel Naomi Remen, M.D., Copyright © 1996 by Rachel Naomi Remen, M.D. Used by permission of Riverhead Books, an Imprint of Penguim Group (USA) Inc.
Excerpts from Frank Deford´s story reprinted by permission of SLL/Sterling Loyd Literistic, Inc.
Copyright © 1983 by Frank Deford All Rights Reserved.
Published by arrangement with the original Publisher, Atria Books/ Beyond Words, a Division of Simon & Schuster, Inc.
Copyright © 2010 by Novo Século Editora Ltda.

Produção Editorial	Equipe Novo Século
Projeto Gráfico e Composição	Franklin Paulote Paiva
Capa	Diego Cortez
Tradução	Grace Kwalli
Preparação	Salete Milanesi
Revisão	Alexandra Resende
	Giovanna Ramalho

Índices para catálogo sistemático:
1. Ficção: Literatura norte-americana 813

Charles, Phillip
  Sessenta Segundos : um momento muda tudo / Phillip Charles ; tradução Grace Khawali ; prefácio de Caroline Myss. – Osasco, SP : Novo Século editora, 2010 .

Título: Sixty Seconds ; One moment changes everything.

1. Biografias 2. Mudança (Psicologia) 3. Mudança de Vida
I. Myss, Caroline. II. Título

09-13199   CDD-920.00905

Índice para catálogo sistemático:
1. Mudança de vida : Biografias 920.0095

2010
IMPRESSO NO BRASIL
PRINTED IN BRAZIL
DIREITOS CEDIDOS PARA ESTA EDIÇÃO À
NOVO SÉCULO EDITORA LTDA.
Rua Aurora Soares Barbosa, 405 – 2º andar
CEP 06023-010 – Osasco – SP
Fone (11) 3699-7407 – Fax (11) 3699-7323
www.novoseculo.com.br
atendimento@novoseculo.com.br

Para Erin
*Por me abençoar com uma vida cheia
de momentos sagrados*

Para Kate
*Por seu amor e apoio
firmes a este projeto*

Para mamãe
*Por mostrar-me como amar
completa e incondicionalmente*

Agradecimentos

Estou em dívida com os quarenta e cinco narradores deste livro e grato por sua generosidade, gentileza e boa vontade em partilhar suas histórias.

Agradecimentos especiais aos meus editores. Kate Moore, mãe de minha filha, foi meu apoio mais leal e contribuiu com muitas sugestões úteis. Erin Moore, a melhor filha do mundo, passou muitas horas revisando as histórias e oferecendo emendas criteriosas. A amiga Susan Foster, uma verdadeira profissional com habilidades editoriais superiores, foi também uma grande, grande ajuda.

Um agradecimento especial à minha agente, Barbara Deal Neighbors. Gostaria que todo mundo com quem trabalhei partilhasse sua natureza gentil e sua atitude otimista.

Fui abençoado por trabalhar com uma fenomenal equipe de editores. Cynthia Black, Richard Cohn, Lindsay Brown, Marie Hix e Rachel Berry da Beyond Words tomaram meu trabalho e o elevaram a um nível mais alto do que sonhei ser possível.

Sumário

Prefácio 15

Introdução 19

Parte I: Vislumbres no Desconhecido 25

Momentos de Vida e Morte 27

1. A autora e médica legista Dra. *Janis Amatuzio* é transformada para sempre pelo relato de uma testemunha ocular da vida após a morte numa silenciosa madrugada durante sua residência médica. 27
2. A autora e psicóloga *Joan Borysenko* e seu filho experimentam visões notáveis no exato momento em que a mãe de Joan passa para o outro lado. 33
3. A autoridade em fenômenos psíquicos *Joseph Costa* recebe um conselho divino de um salva-vidas num pequeno bar do sul da Califórnia. 36
4. As prioridades da médium *Kathryn Harwig* mudam completamente depois que um grave acidente hospitalar a deixa com uma dor crônica. 40
5. A vida do médium *James Van Praagh* é salva por um misterioso expectador quando seu carro enguiça num cruzamento movimentado de Los Angeles, depois da meia-noite. 43
6. A clarividente *Dra. Doreen Virtue* percebe o perigo de ignorar seu guia angélico após uma tentativa de roubo a seu carro próximo à sua casa na Califórnia. 44

Momentos Misteriosos 46

7. O sonho perturbador do autor de *mente-e-corpo*, Dr. *Larry Dossey* sobre o filhinho de um colega torna-se chocantemente real algumas horas mais tarde. 46

8. "O pai da motivação" *Dr. Wayne W. Dyer* experimenta uma cura miraculosa enquanto socorre um participante deficiente num seminário no local de nascimento de São Francisco de Assis. 48

9. O autor de livros sobre negócios *Tom Gegax* partilha sua impressionante visão de um resplandecente tesouro num quarto de hotel grego. 51

10. O estudioso místico *Andrew Harvey* contempla uma visão maravilhosa de Cristo durante a missa de domingo numa igreja no sul da Índia. 53

11. A médica intuitiva *Caroline Myss* recebe, contra toda probabilidade, uma dádiva sagrada de um místico indiano durante um retiro particular nas Highlands da Escócia. 58

12. A visão do astro de basquetebol *Trent Tucker* de um espírito durante um jogo da NBA, no Madison Square Garden, que responde às suas preces. 62

13. A carta raivosa do mensageiro espiritual *Neale Donald Walsch* a Deus é respondida imediata e dramaticamente de modo que mudaria o mundo para sempre. 64

Parte II: Vivendo a Vida 67

Momentos Dolorosos 69

14. O executivo e autor *James Autry* e a ex-vice-governadora de Iowa *Sally Pederson* aprendem valiosas lições do coração de seu filho deficiente. 69

15. A psíquica *Echo Bodine*, solteira, dezenove anos, debate-se na decisão de entregar seu filho recém-nascido para a adoção. 76

16. O aclamado escritor esportivo *Frank Deford* partilha a doçura e a tristeza da batalha de sua filha Alex com a fibrose cística. 78

17. A premonição emocional do triatleta deficiente *Jim MacLaren* de uma "maravilhosa" mudança de vida torna-se horrivelmente realidade logo na manhã seguinte 83

18. O autor *Donald Schnell* recebe uma pungente lição de coragem de uma jovem mãe solteira do grupo de meditação Zen que ele formou em sua unidade militar.............. 87
19. O produtor de cinema *Stephen Simon* aprova uma mostra especial de seu filme *Amor Além da Vida* para uma adolescente à beira da morte. 93
20. O executivo de beisebol *Mike Veeck* é profundamente tocado e modificado para sempre pela indômita coragem de sua jovem filha quando esta enfrenta a cegueira iminente............ 95

Momentos Sagrados............ 101

21. O autor e ativista de assistência a doentes terminais *Dannion Brinkley* adoravelmente conduz seu pai a pós-vida com o apoio de seu irmão e irmã............ 101
22. O geneticista *Dr. Francis S. Collins* recebe uma lição eterna sobre o amor no leito de hospital de um jovem fazendeiro nigeriano............ 104
23. A professora de ioga e autora *Suza Francina* ajuda uma amiga idosa a realizar seu desejo de morrer pacificamente em casa............ 110
24. O autor e consultor *Larry Julian* emerge de uma "difícil caminhada no deserto" para simultânea e alegremente dar boas-vindas ao seu primeiro filho e ao seu primeiro livro............ 115
25. A advogada do bem-estar feminino *Dra. Christiane Northrup* é tomada de temor e reverência quando assiste a um parto pela primeira vez............ 117
26. A autora e professora *Dra. Rachel Naomi Remen* aprofunda seu laço com a mãe, a avó falecida e a herança familiar durante uma comovente vigília junto a um leito de morte............ 121
27. O futurista *Peter Russell* transcende seu medo e expande sua consciência durante um mergulho sagrado e mágico com um grupo de golfinhos selvagens ao largo de uma ilha havaiana............ 124

28. O empresário *David Wagner* fica chocado ao descobrir que simplesmente criar um dia do consumidor pode levar a uma salvadora mudança interior. 127

Parte III: Incidentes Reveladores 131

Momentos que Mudam a Vida 133

29. A pioneira da nutrição *Marilyn Diamond* muda o foco de sua vida profissional após encontrar um diminuto caranguejo--pérola numa praia da Flórida. 133
30. A especialista em desenvolvimento humano *Jean Houston* inadvertidamente abre uma porta espiritual surpreendente quando joven. 136
31. O professor de assuntos espirituais *Dr. Robert Ibrahim Jaffe* redireciona seu caminho de cura após testemunhar um ritual no leito de morte envolvendo três rabinos e uma gaiola cheia de pombos. 141
32. O professor tolteca *Don Jose Luis* recupera a visão ao despertar de um sonho vívido que o leva a abandonar seus medos e a abraçar o amor. 147
33. O plano do autor premiado *Dr. Dean Ornish* de se matar durante o primeiro ano de faculdade é interrompido pela visita inesperada de um swami à casa de seus pais. 149
34. O autor de *A Profecia Celestina, James Redfield,* é transfixado por uma inesperada "Visão do Nascimento" enquanto caminhava pelo Parque Nacional das Grandes Montanhas Fumegantes. 155
35. A iniciação do autor e palestrante *Malidoma Patrice Somé* na condição de idoso o imbui da sabedoria que pode transformar a consciência humana – se tão somente ele fosse livre para partilhá-la. 157
36. ... A carreira do cantor e compositor *Billy Vera* decola quando um produtor de *Family Ties* arranca uma canção sua de oito anos de idade da obscuridade e a envia às paradas de sucesso. 162

Momentos de Iluminação 166

37. O autor e palestrante *Gregg Braden* ganha uma profunda compreensão da dinâmica da prece durante encontros com um nativo americano e um abade tibetano. 166
38. O pioneiro da medicina alternativa *Dr. Deepak Chopra* aprofunda sua apreciação do eterno jogo da vida e da morte durante o ritual sagrado de cremação de seu pai. 169
39. O autor de *O Caminho do Guerreiro Pacífico*, *Dan Millman*, acorda para a luz espiritual sentado numa calçada e descascando uma toranja. 170
40. O autor *Parker J. Palmer* experimenta uma epifania sobre os trabalhos do universo enquanto caminha no alto deserto do Novo México. 173
41. O astro de basquetebol *Jim Petersen* encontra a paz e um novo caminho espiritual numa breve conversa com um discípulo direto de um grande guru indiano. 174
42. Os sonhos angustiantes do autor mente-e-corpo *Dr. Bernie Siegel* o levam a uma fé maior e ao conhecimento de que existe sempre a mão de um anjo em seu ombro. 177
43. A cientista e autora *Dra. Esther M. Sternberg* acorda para a verdadeira fonte da cura após meditar nas ruínas arqueológicas de um antigo templo grego. 179
44. A advogada *Barbara J. Winter* experimenta um momento transcendente de conexão divina enquanto caminha ao lado da filha numa trilha de bicicletas em Santa Monica. 182
45. O baixista *Victor Lemonte Wooten* é inspirado a servir a humanidade após um angustiante incidente com sua patrulha de anjos da guarda e um sonho subsequente. 184

Pensamentos Finais 189

Prefácio

Uma das grandes ironias da vida é que, embora possamos temer a mudança, constantemente rezamos para que nossas vidas mudem de alguma forma. Reconhecemos que a mudança é constante – que nada fica do mesmo jeito para sempre – e, mesmo assim, nos agarramos firmemente à ideia de que ela deve ser facilmente reconhecível e, acima de tudo, criar o mínimo de trauma. Outra ironia é que, mesmo com todo o nosso medo de mudar, acreditamos que, para que algo faça diferença duradoura em nossas vidas, precisa ser majestoso, óbvio, grande, barulhento e ter resultado garantido. Temos uma desconfiança inerente do sutil ou de qualquer coisa que exija tempo para tornar-se realidade.

No entanto, a verdade é que os momentos mais significativos que deram contornos às nossas vidas foram, de longe (no sentido de "disparado"), os menores e mais sutis. Mesmo nos maiores traumas da vida, como a perda de um ser amado, num acidente grave, a perda repentina de um emprego, um divórcio, ou qualquer dos outros grandes sofrimentos da vida, relembrado depois que os meses passam e, que o indivíduo começa a falar sobre o evento, lembramo-nos, sobretudo, das interações que nos curaram ou nos tocaram com sua graça, interações tais que ocorreram nos momentos mais sombrios.

Uma conversa com a pessoa certa na hora certa tem o poder de remodelar toda nossa vida e, de fato, nossa vida tem sido moldada precisamente desta maneira por meio de eventos e encontros com indivíduos significativos, pontos altos que duram não mais que sessenta segundos. Contudo, como resultado desses sessenta segundos, nosso caminho na vida foi profundamente redirecionado. Talvez seu encontro o tenha levado a um despertar espiritual, ou talvez aberto um caminho dentro do domínio cósmico, que finalmente o compeliu a examinar o significado e o propósito de sua vida. Para alguns, seus momentos de sessenta segundos romperam as barreiras de dores e feridas emocionais que impediam a cura e a construção de relacionamentos saudáveis.

Durante os últimos anos, tenho sido profundamente influenciada pelo trabalho de Santa Tereza D'Avila, que continuamente encorajou suas freiras a "buscar Deus nos detalhes de suas vidas". Com o que, então, Deus se pareceria? Deus se manifestaria como nesses encontros de sessenta segundos que detêm um poder tão profundo, que só se pode dizer que emergimos deles pessoas diferentes. Os momentos comuns na vida – e existem muito mais deles – não têm a graça que caracteriza esses momentos transformadores de sessenta segundos. Esta é a razão destas histórias merecerem estar reunidas neste livro.

Uma de minhas próprias histórias está incluída neste maravilhoso livro, meus encontros com o sagrado avatar Sai Baba. Embora eu tenha tido mais que um encontro de sessenta segundos com ele, nenhum foi mais longo que um minuto, e cada um impactou profundamente minha vida. Realmente, eu teria de dizer que considero o poder de meus encontros com Sai Baba como um resgate, tão extraordinários foram esses raros momentos quando ocorreram.

Sempre tive fé de que nossas vidas não são eventos aleatórios, que importamos ao Ser Divino, mas não importa quanta fé pensemos ter, ficamos ainda cheios de temor e maravilha quando surge um momento no qual somos interiormente despertos, momento esse longo o bastante para reconhecer a presença de Deus em cada detalhe de nossa vida. Um desses momentos, como os muitos autores destas histórias partilham, é suficiente para inspirar um caminho diferente na vida ou dissipar quaisquer temores sobre o viver e o morrer.

As categorias de histórias neste livro abordam os melhores tópicos que posso imaginar em termos de transformação de sessenta segundos: vida e morte, o misterioso, o doloroso, o sagrado e a iluminação. O autor e querido amigo Philip Charles não só selecionou temas idealmente adequados ao poder da graça, orientação e transformação de sessenta segundos, mas também indivíduos extraordinários para partilhar conosco suas histórias pessoais, todas comoventes e inspiradoras.

Mas de todos os benefícios que você, leitor, obterá deste livro – e são muitos – acho que o maior é a mensagem de quanto rapidamente sua vida pode mudar e quão pouco custa ao paraíso começar essa mudança. Frequentemente, você está buscando uma mudança de vida na direção errada, temendo dragões e monstros marinhos que nunca vão surgir na sua porta. Em vez disso, o Divino se revela a você em eventos, conversas e experiências sutis – em poderosos encontros de sessenta segundos que o deixam sem fôlego e cheio de temor. Esta é a assinatura de Deus.

Pergunte a qualquer um que tenha tido uma experiência de quase-morte que, de acordo com o relógio, não durou mais que sessenta segundos. Essa pessoa volta ao seu corpo não somente certa de que a morte não existe, mas também sabendo que será recebida por seus amados e abraçada por uma luz íntima e adorável que conhece todos os detalhes de sua vida, desde a primeira palavra por ela pronunciada quando criança. Isto não é resultado de um acidente de carro ou da imaginação de um homem durante a cirurgia para reparar seu corpo ferido. Esse homem encontrou Deus durante sua experiência de quase morte por menos de sessenta segundos e, mesmo assim, estes sessenta segundos foram os mais autênticos de sua vida terrena.

Não tenho dúvidas de que o leitor será abençoado pela experiência de ler *Sessenta Segundos, Um Momento Muda Tudo*. E, além disso, eu apostaria que depois de ler este livro maravilhoso, ninguém aceitará outra vez um minuto de vida como algo corriqueiro. Você simplesmente nunca sabe o que o próximo momento pode trazer.

Caroline Myss, Autora de:
Adentrando o Castelo e *Anatomia do Espírito*

Introdução

Era um bonito dia de março. Mas quando apanhei o telefone, sabia que alguém em algum lugar estava morrendo. Era Ann Lutgen, uma das coordenadoras da Casa de Repouso Allina. Como voluntário de uma casa de repouso e massagista certificado, eu era chamado quando um paciente terminal tinha necessidade de um toque curativo. "Temos um homem de cinquenta e oito anos com câncer no pulmão", disse Ann. "Ele está tendo dificuldades para respirar, e isso o está deixando em pânico. A família dele acha que uma massagem poderia ajudar."
"Claro, posso vê-lo nos próximos dias", disse a ela. "Qual é o nome dele?"
Quando Ann disse: "Charles Potuznik", congelei. *Oh, meu Deus*, pensei, *tem que ser o Chuck*.

Vinte e dois anos antes, trabalhei para um empresário volúvel que produzia um jornal mensal para especular sobre o valor de investimento das raras moedas que vendia. Tínhamos contratado Chuck Potuznik, experiente advogado de uma conceituada firma de advocacia, para aprovar o texto. Por solicitação de Chuck, investiguei uma história do jornal alegando que tínhamos comprado um grande baú de moedas do patrimônio de um rico colecionador do oeste. Descobri que a história tinha sido fabricada e contei a Chuck por telefone. Ele ficou chocado. "Se você vai contar estas histórias da carochinha", disse ele, "não posso tomar parte nisso". Ele pediu demissão imediatamente. Tão logo encontrei outro emprego, pedi demissão também.

Não tinha visto ou falado com Chuck desde então. Mas mesmo antes dessa conversa final, ele tinha deixado em mim uma impressão indelével. É raro, mas algo simplesmente se encaixa no lugar quando

19

você conhece certas pessoas. Elas entram em sua órbita, e você na delas.

Acho que só encontrei Chuck uma vez e falei com ele algumas vezes, mas nos anos que se seguiram, seu nome brilhava em letras de neon em minha mente cada vez que eu via um artigo do "Melhores Advogados nas Cidades Gêmeas" ou escutava uma conversa sobre advogados corporativos.

O impacto que Chuck causou em mim nunca diminuiu e, de fato, pode ter ficado mais forte com o passar do tempo. Não tinha a menor ideia do porquê, mas sentia que nossos caminhos haveriam de se cruzar outra vez. Depois da ligação telefônica de Ann, tudo entrou no lugar e uma sensação de paz desceu sobre mim. Fazia perfeito sentido. O tempo veio completar o círculo de energia que nos conectava.

Alguns dias depois, cheguei à casa de Chuck e fui conduzido ao seu quarto por um amigo da família. Ele estava deitado na cama, fraco, mas mentalmente lúcido. Não podia se mexer, então o melhor que pude fazer foi ficar por trás dele para massagear seu pescoço e ombros. "É uma sensação incrível", ele murmurou enquanto eu trabalhava.

Depois de uns dois minutos eu disse: "Sabe, Chuck, você e eu nos conhecemos a longo tempo". Ele se inclinou na minha direção, esboçou um sorriso curioso e um sutil aceno de cabeça – um convite para eu continuar.

Contei-lhe que tínhamos trabalhado juntos um longo tempo atrás quando ele pedira demissão de um caso numa conversa telefônica comigo. "Conte-me esta história", ele sussurrou. Eu o fiz, adicionando que sempre o tinha considerado um modelo de integridade. De fato, disse-lhe que alguns anos atrás, assumi o compromisso de viver minha vida com completa integridade, não importando o custo. Ele sorriu e concordou outra vez. Enquanto eu massageava suas costas e braços, conversamos sobre a importância de se viver com integridade e de tratar cada pessoa que encontrássemos com amor e compaixão. Gentilmente o massageei por mais de uma hora. Tudo sobre nosso tempo juntos naquele dia correu suavemente. Disse a ele que voltaria em breve.

Dois dias depois, visitei Chuck outra vez. A dor tinha piorado e por isso ele fora medicado, variando da consciência para inconsciência. Mesmo assim, gemeu em apreciação enquanto eu massageava seu pescoço e suas costas. Enquanto trabalhava, olhei em torno do quarto. Sobre a mesinha de cabeceira à minha direita uma foto de Chuck com seus irmãos, Wayne e Ken, em sua última pescaria juntos. Adornando a cômoda e as paredes estavam fotos da esposa dele, Mary, e de suas duas filhas adolescentes, as quais ele adorava. Do lado de fora da janela, o sol da tarde caía sobre as águas plácidas do lago Minnetonka. O mundo de Chuck estava cheio de grande amor e beleza, mas sua capacidade de desfrutá-lo disso estava declinando rapidamente.

Enquanto eu me postava atrás dele, massageando sua testa, sussurrei: "Deus o abençoe, meu amigo". Não achei que tivesse me ouvido, mas alguma parte dele o fez.

Do seu estupor, ele disse subitamente: "O quê?".

Um pouco mais alto desta vez, repeti: "Deus o abençoe, meu amigo". Com os olhos fechados, ele sacudiu a cabeça e resmungou em reconhecimento.

Num momento, ele hesitantemente ergueu a mão e bateu no seu nariz com o dedo mindinho, então seu braço caiu pesadamente de volta. A área sob seu nariz tinha sido ferida pelos tubos de oxigênio, então seu dedo ficou manchado de sangue. Peguei sua mão e, enquanto gentilmente enxugava seu dedo com um lenço, admirava-me as reviravoltas que a vida pode dar. Não há muito tempo, eu fora um jovem de vinte e cinco anos, cedendo respeitosamente ante o altamente poderoso advogado onze anos mais velho. Agora aqui estava eu, confortando-o e cuidando dele em suas horas derradeiras. Sentia-me honrado por estar ao seu lado e grato pela força divina que nos reunira mais uma vez. Três dias depois, Chuck faleceu.

Penso em Chuck frequentemente. Simplesmente vivendo sua vida, Chuck não somente inspirou-me a ser um homem melhor, mas aprofundou minha fé e deu-me um profundo relance dos mistérios do Universo. Os momentos que passei ao lado de sua cama foram sagrados e os guardarei com carinho para sempre.

É possível que você tenha experimentado seus próprios momentos sagrados. Afinal, mais da metade dos adultos americanos experimentaram uma transformação espiritual, de acordo com o Centro Nacional de Pesquisas de Opinião (NORC) da Universidade de Chicago. Essas transformações levam a mudanças dramáticas em como as pessoas veem a si mesmas, o mundo, o significado e o propósito da vida.

Estas experiências transformadoras estão disponíveis a todos. Como documentam os estudos do NORC, esses poderosos eventos transformadores são tipicamente despertados por uma crise pessoal ou uma atividade religiosa normal. As consequências incluem tipicamente um fortalecimento da fé, bem e como mudanças positivas, de longo alcance no caráter, atitudes e comportamento.

Meu despertar espiritual foi gradual. No final de meus vinte anos, comecei manuseando o livro de Shirley MacLaine *Minhas Vidas*, e foi assim. Fui fisgado. Queria experimentar aquelas incríveis epifanias. Mais que tudo, queria desesperadamente obter a "iluminação". Durante os anos seguintes, devorei dúzias de livros, gravações e seminários de cunho espiritual.

Então algo emocionante aconteceu. Era quatro de julho. Eu estava sozinho em casa. O trabalho tinha impedido de juntar-me à minha esposa Kate e à minha filha, Erin, em nossa tradicional viagem ao norte de Minnesota. Raramente perdíamos uma celebração de quatro de julho na cidade natal de Kate.

Naquela tarde, deitei-me cedo na cama para fechar os olhos e mentalmente planejar o resto do meu dia. Dois minutos depois, escutei a voz de Kate animadamente chamando: "Oi, Phil!". Sua saudação foi alta e clara, como se ela estivesse de pé bem na minha frente. O surpreendente foi que escutei a voz dela dentro de minha cabeça.

Fiquei estupefato. Sempre taxara relatos de "escutar vozes" como sinal de doença mental. Mesmo assim, não houve qualquer dúvida quando ocorreu. Tinha escutado a voz de Kate – não com meus ouvidos, mas com algum sentido desconhecido. Lembro-me de ter pensado, *Então é assim. Legal!*

Quando Kate ligou no dia seguinte, perguntei-lhe o que estivera fazendo na hora em que escutei sua voz. Ela disse: "Hummm, oh, vários de nós estávamos sentados sobre a doca na cabana de Bev e Bill. Alguém disse: 'Que pena Phil ter tido que ficar em casa', e eu disse: 'Vamos todos dizer oi a ele!'. E então todos gritamos: 'Oi Phil!' ao mesmo tempo. Por quê? Você nos escutou?". Estremeci e contei a ela que, sim, tinha escutado. "Oh, meu Deus!", ela disse. "Não posso acreditar!" Ficamos muito animados, repassamos os detalhes várias vezes até nos acalmarmos.

Daquele dia em diante, minha fome por todas as coisas espirituais se intensificou. Mas quanto mais aprendia, mais compreendia que a espiritualidade nada tem a ver com truques de salão. Finalmente, é sobre como você escolhe se relacionar com as pessoas e com o mundo à sua volta. Conforme minha consciência se ampliou, cresceu minha capacidade de reconhecer o sagrado em todos os momentos. Isso finalmente me fez compreender que todo dia é uma dádiva – e o que fazemos com ele é nossa dádiva a nós mesmos, aos outros e ao mundo.

Quando senti que tinha crescido o suficiente para articular, de modo competente, estas poderosas verdades aos outros, comecei a entrevistar os autores e palestrantes cujo trabalho tivesse dito alguma coisa para mim. Solicitei a eles que recordassem um momento profundo em suas vidas quando se sentiram profundamente conectados ao espírito. Escrevi suas histórias para *Edge Life*, uma revista de Minneapolis devotada ao crescimento pessoal, cura interativa e transformação global. Antes que percebesse, tinha reunido uma impressionante coleção de histórias maravilhosamente edificantes.

Essas histórias íntimas de despertar espiritual e crescimento transformadoras, ricas de *insight* e significado, nos relembram que tudo o que pensamos, dizemos e fazemos importa. Chame a isso karma, causa e efeito ou Lei de Ação e Reação. Toda ação – de Stephen Simon aprovando a entrega de um videotape, Caroline Myss enviando uma prece a um místico indiano, Christiane Northrup assistindo seu primeiro parto – cria uma sequência interminável de ondas no lago de nossas vidas diárias.

Nem toda história emergiu de ocasiões alegres. Deepak Chopra, Joan Borysenko e Dannion Brinkley foram profundamente afetados pela morte do pai. Echo Bodine tomou a dolorosa decisão de entregar sua única filha para adoção. A filha de Frank Deford, Alex, foi vagarosa e agonizantemente consumida pela fibrose cística. Deles, aprendemos que, a despeito de nossa ferida e dor, toda tragédia finalmente revela seu propósito sagrado.

Mesmo quando estes profundos momentos de clareza espiritual parecem não afetar ninguém além de nós mesmos – o despertar espontâneo de Dan Millman enquanto descascava uma toranja[1], a espantosa visão de Tom Gegax num hotel grego, a abertura de uma passagem espiritual de Jean Houston – suas consequências ecoarão através da eternidade. Como? Quando pessoas são mudadas por experiências sagradas, a maneira como aparecem no mundo também muda, o que, por sua vez, muda sutilmente as pessoas com as quais interagem. Milhões de pessoas já foram sacudidas por um desses "terremotos da vida". Mais mentes e corações estão se abrindo todos os dias. Logo, alcançaremos massa crítica e nossa cultura será mudada para sempre.

---

[1] Toranja: Fruta cítrica grande semelhante à laranja, porém, com a polpa branca (N.R.)

Existe um fio comum entre estas histórias? Não, não realmente. Algumas são sutis e reveladoras, enquanto outras são simplesmente espantosas. Espero que as histórias venham tocar seu coração como tocaram o meu. Algumas podem desafiá-lo a repensar sobre a maneira de como o mundo funciona. Outras podem inspirá-lo a fazer escolhas melhores na vida. Cumulativamente, podem motivá-lo a viver de modo a aumentar sua consciência sobre os momentos sagrados os quais, neste momento, estão bem diante dos seus olhos.

Tenha em mente que você não tem de esperar que momentos sagrados venham até você. Crie-os escutando seu coração. Anos atrás, quando minha filha era pequena, parei na porta do seu quarto e a observei dormir. Fechei os olhos e imaginei-a com dezoito anos, saindo da garagem e indo para a faculdade. Enquanto a assistia acenando para mim e arrancando com o carro, rezei com todo o meu coração que pudesse voltar no tempo e passar simplesmente cinco minutos a mais com ela enquanto ainda era pequena. Então abri os olhos e lá estava ela, ainda garotinha, e não tínhamos só mais cinco minutos, tínhamos anos! Pratiquei bastante esse exercício de "imaginar o futuro" em seus anos de adolescente. Lembrar-me, regularmente, de que sua idade adulta estava rapidamente se aproximando ajudou-me a celebrar cada minuto que passávamos juntos. Erin agora é uma jovem adorável e aqueles preciosos momentos na porta do quarto estarão comigo para sempre.

Estes momentos sagrados adicionam profundidade e significado em nossas vidas. Você pode fazer muito e preparar-se para uma experiência de transformação. Conheça-se melhor lendo livros de autoajuda. Mantenha um diário de seus pensamentos mais íntimos. Medite. Pratique afirmações. Partilhe aberta e honestamente seus sentimentos com os outros. E o mais importante, reflita cada dia sobre suas oportunidades de crescimento. E, se tudo o mais falhar, experimente ir à soleira de uma porta e contar suas bênçãos.

Boa sorte em sua jornada, meu amigo. Possa sua vida ser longa e próspera, e seus dias cheios de momentos sagrados.

Parte I

Vislumbres no Desconhecido

> "É um dos erros mais comuns considerar que o limite do nosso poder de percepção é também o limite de tudo o que existe para ser percebido."
>
> C. W. Leadbeater

Além do véu que envolve o mundo material existem mistérios que nossos sentidos não conseguem captar, que a razão é incapaz de explicar, e a ciência não pode provar. E mesmo assim, uma espantosa evidência de fenômenos paranormais jorra incessantemente sobre nós. Tudo que precisamos fazer é baixar o guarda-chuva da resistência e deixar a chuva da iluminação cair sobre nós, lavar nossa mente e despertar nossa alma.

Essas experiências do outro mundo podem ser tão sutis quanto o vento sussurrando em nossos ouvidos ou tão espetaculares quanto uma experiência fora do corpo. Como afirma O Curso em Milagres, não existe ordem de dificuldade em tais eventos, frequentemente ocultos sob o disfarce de momentos comuns. Isto explica por que milagre é uma palavra usada somente por pessoas que não compreendem como o Universo opera.

"Vislumbres no Desconhecido" está dividido em duas partes. "Momentos de Vida e Morte" incluem histórias inexplicáveis de vidas salvas ou quase perdidas e os segredos da vida após a morte. As histórias que aparecem em "Momentos Misteriosos", embora tão inescrutáveis quanto, lidam com tópicos menos urgentes – visões, curas e espantosos acontecimentos que desafiam as leis da física.

Momentos de Vida e Morte

1. Janis Amatuzio, M.D.

Conhecida como a "legista compassiva", a Dra. Amatuzio escreve e fala sobre suas experiências pessoais e visões interiores com relação à vida após a morte e como aplicar essas lições de modo a obter-se uma vida mais rica e mais compensadora. Fundadora da Midwest Forensic Pathology, P.A., uma companhia que oferece serviços, ela trabalha como legista e oferece serviços de patologia forense a vários condados em Minnesota e Wisconsin. É autora de Forever Ours: Real Stories of Immortality and Living from a Forensic Pathologist e Beyond Knowing: Mysteries and Messages of Death and Life from a Forensic Pathologist. Para mais informações, visite o site www.foreverours.com

Em 1978, eu estava em meu último mês como interna de medicina, fazendo plantão no Hospital da Universidade de Minnesota, trabalhando num horário estafante de trinta e seis horas acordada e doze dormindo. Graças a Deus estava nos meus vinte anos, porque não conseguiria fazer isso agora! Uma noite, eu cabeceava de sono às duas da manhã, mas isso não durou. Às duas e trinta, uma enfermeira ligou e disse: "Doutora, precisamos que acorde e comece um IV num homem cujo cateter intravenoso saiu do lugar. Ele precisa de uma infusão de heparina".

Eu me considerava uma interna bem veterana naquela época, tendo passado onze meses nisso. Eu disse: "Vou dizer o que fazer, aplique uma almofada térmica no local (para tornar as veias mais pronunciadas) e me chame em trinta minutos". Eu realmente, realmente queria aqueles trinta minutos extras de sono.

A enfermeira sabia que eu tinha o hábito de dormir entre as ligações telefônicas, então trinta minutos mais tarde ela entrou no quarto, acendeu a luz, parou ao pé da cama e disse: "Levante da cama agora, Dra. Amatuzio. O braço daquele homem ficou exposto ao calor por trinta minutos e ele está esperando por você".

Exausta e meio consciente, arrastei-me para fora da cama, agarrei um par de cateteres intravenosos, um fino cateter tipo borboleta nº 25 e me arrastei pelo corredor. Lembro-me de sentir inveja porque podia escutar pessoas ressonando. Existe certa intimidade às três da madrugada numa enfermaria. Enquanto você caminha pelos corredores é silencioso, escuro e o único som que você escuta é o de respiração rítmica. Pude ver de longe que um dos quartos tinha uma luz acesa. Dobrei o corredor e entrei no quarto. A luz vinda do teto fazia um cone sobre meu paciente, Sr. Stein, que estava na cama mais próxima da porta.

Quando olhei para ele, meu coração afundou. Era um homem muito grande e estava imensamente inchado. A única coisa que parecia brilhar nele eram os olhos. Pensei: *Como vou conseguir colocar, rapidamente, um cateter intravenoso neste pobre coitado?*

Sentei-me próxima à cama e retirei as bolsas térmicas do braço dele. Como os homens não têm tanta gordura subcutânea quanto as mulheres, eles geralmente têm boas veias próximas à superfície. Mas eu não conseguia ver uma veia em parte alguma em seu braço e tive que tentar encontrar uma por palpação.

Apresentei-me a ele e disse que tinha de começar um cateter. Enquanto procurava por uma veia, esse homem olhou para mim e disse: "Sabe, doutora, eu morri uma vez". Meu primeiro pensamento foi: *Epa, ele está fora de si. Ele está mal.* Ele leu meus pensamentos como se estivesse lendo um livro e disse: "Você não acredita em mim", com tal tristeza, que fiquei terrivelmente embaraçada.

Respondi: "Não é que não acredite, mas o senhor sabe que o que acaba de dizer é uma coisa muito extraordinária".

Ele respondeu: "Eu sei. Mas aconteceu".

Enquanto eu palpava por uma veia, pensei: *Bem, vou ficar aqui por um longo tempo; podia muito bem escutar uma boa história.* Então pedi-lhe que contasse o que tinha acontecido.

"Bem, você sabe que tenho coágulos em minhas pernas e como viajaram para os meus pulmões". Disse o paciente.

"Eu sei", disse a ele: "por isso é tão importante conseguir colocar esta medicação em suas veias". Ele contou que tinham colocado um filtro no interior de sua veia cava, um grande vaso que leva o sangue das extremidades inferiores ao coração, para impedir os coágulos de passar para seus pulmões.

"Isto foi há dois anos", ele disse. "E foi quando morri".

Concordei com a cabeça. "Sim, mas o senhor está aqui agora."

"É, voltei à vida." Senti um arrepio descer pelo pescoço e me lembro de pensar: *O que é isto?* Mas ele parecia muito sério. Ele me

contou que quando os médicos terminaram de implantar o filtro em seu coração, o que levou cinco horas, foi levado à sala de recuperação pós-anestesia. "Lembro-me de estar deitado lá, tentando voltar à consciência", contou-me. "Uma enfermeira estava apertando meu ombro, tentando me acordar, mas eu simplesmente não conseguia." Neste ponto, eu tinha palpado e conseguido pegar uma veia e estava fixando o IV. "Então a coisa mais estranha aconteceu", continuou. "Subitamente, deixei meu corpo."
Olhei para ele e perguntei: "*Como* fez isto?".
Respondeu: "Direto pelo topo da cabeça".
"Sério?", perguntei.
Ele respondeu: "Lembro-me de olhar para o meu corpo do teto. Tive um grande sentimento de compaixão por ele; senti-me realmente triste. Subitamente, percebi que os médicos e enfermeiras estavam todos correndo para minha cama. Aquilo me surpreendeu porque me sentia-me absolutamente bem. Porém, o mais impressionante foi que eu podia escutar todos os pensamentos deles. Podia sentir preocupação; podia sentir o amor – exceto por uma enfermeira, que estava aborrecida porque tinha um encontro depois do trabalho e minha parada cardíaca a estava atrasando. Foi *espantoso*. Fui para o lado do médico e toquei no ombro dele. Ele não me sentiu, então me postei bem à sua frente e tentei segurar seu braço. Eu disse: 'Pare com tudo isso, estou bem'. Mas ele não me escutava".

"Você podia mesmo escutar todos os pensamentos deles?", perguntei incredulamente.

"Sim, era como ler suas mentes. E eu os assisti trabalhar furiosa sobre o meu corpo. Eu os assisti apanhar as palmatórias e abrir minha camisola para expor o meu peito. Vi meu corpo pular cada vez que me davam um choque". Eu ainda estava olhando para ele com descrença, mas ele estava se tornando mais e mais animado com seu relato. "E então a coisa mais incrível aconteceu", ele disse. "O homem na cama ao meu lado, ele teve uma parada cardíaca!"

"Suponho que ele tenha saído pelo topo da cabeça também?" perguntei.

"Sim, e ficou mesmo surpreso em me ver!".

Ri e perguntei o que os dois fizeram em seguida. Ele contou: "Bem, comuniquei-me com ele simplesmente pelo pensamento e disse-lhe o que tinha acontecido. Quando percebemos que não podíamos nos comunicar com os médicos e enfermeiras, nós os assistimos trabalhar em nossos corpos por um tempo. Havia somente um carrinho de reanimação e eles tinham usado a maioria dos suprimentos em mim. Assisti o médico me dando choques, voltando-se e dando choques nele, voltando-se e dando choques em mim, e dando choques nele outra vez, e assim por diante. Eu os ouvi ligarem pedindo outro carrinho de reanimação. Havia absoluto caos lá embaixo. Finalmente, decidimos partir. Sei que parece estranho, mas realmente não nos sentíamos ligados aos nossos corpos".

Eu tinha inserido o intravenoso e o tinha fixado, mas estava fisgada pela história dele, embora fosse três e trinta da manhã. Na típica maneira dos meus vinte anos, perguntei: "E *como* você fez isso?".

Ele respondeu: "Doutora, você não vai acreditar, mas nós simplesmente imaginamos nosso caminho *através* da parede".

"Você *pensou* seu caminho através da parede?".

"É, não fomos através de uma porta ou janela, simplesmente pensamos em nós atravessando as paredes e entrando na sala seguinte". Respondeu.

"Onde vocês foram parar?", perguntei.

"Na sala de espera. Havia várias pessoas sentadas lá, e eu podia sentir a preocupação delas pelo bem-estar de seus amados. Mas não podíamos nos comunicar com elas, então decidimos deixar o hospital."

"Vocês usaram o elevador desta vez?", perguntei.

Ele sorriu. "Não, simplesmente pensamos nosso caminho através da parede do hospital. Lembro-me de olhar para baixo e ver o tijolo vermelho e o cimento."

"Bem, o que aconteceu então?", perguntei. "Quero dizer, você está aqui agora."

"Doutora", disse, "quando chegamos do lado de fora estava agradável, morno e confortável. E então... eu vi". Ele fez um momento de pausa para se organizar mentalmente. Com lágrimas descendo pelo rosto, continuou: "De longe eu vi – não, eu senti – a luz mais surpreendentemente bela. Era muito brilhante e feita de todas as cores do arco-íris e outras mais. Fui instantaneamente atraído para ela e também meu companheiro. Quando nos aproximamos, senti a mais incrível alegria, temor e sentimento de grandeza que já tinha experimentado. Então, a luz se abriu num túnel. Sentia pressa enquanto me movia através dele. Era como estar num enorme vento", disse ele, fazendo uma pausa ao apontar para o meu cabelo comprido, "somente seu cabelo não esvoaçaria. Quando cheguei lá, aquilo irrompeu numa magnífica tela de cores; cores que eu nunca tinha visto antes, embora me parecessem muito familiares.

"Então, vi minha mãe, meu pai e meu irmão que faleceram num acidente quarenta anos atrás. Meu cachorro também estava lá. Eu estava imensamente feliz. Era uma reunião maravilhosa. Enquanto viajava para cima em direção à fonte de toda aquela alegria, ficava mais e mais consciente. As cores deslumbrantes cintilavam e comecei a perceber, bem, a perceber tudo. Não posso explicar. Vi minha vida por inteiro, e vi que tudo o que havia acontecido tinha sido perfeito. Então, subitamente, compreendi, com cristalina clareza, que não podia ficar e porque não podia."

Outra vez ele fez uma pausa, então perguntei: "Bem, o que aconteceu então?".

Respondeu: "Sabe aquele outro sujeito?".

"Sim?" e disse numa voz absolutamente perturbada "Ele foi em frente e eu tive de voltar". E então chorou.

Depois de alguns momentos, ele foi capaz de se recompor. Confidenciou não ter contado aquela história inteira a qualquer pessoa antes, que tinha tido medo de falar sobre isso. Apertei a mão dele e lhe agradeci por partilhar sua história comigo. Sentamo-nos juntos em silêncio por um minuto ou dois, usufruindo da intimidade de sua história e das primeiras horas da manhã.

Finalmente, ele falou outra vez: "Quando voltei, tudo em meu corpo doía. Meu peito fora queimado pelas palmatórias; as costelas estavam quebradas pela ressuscitação cardiopulmonar; havia marcas de agulha por todo meu corpo. Contudo, embora tudo estivesse doendo, eu estava preenchido por um sentimento avassalador de paz que nunca tinha experimentado antes ou experimentei desde então. Quando acordei lá, com minha família, fiquei dominado e deslumbrado pela adorável gentileza que me rodeava".

"No dia seguinte, na sala de recuperação, meu médico contou o que tinha acontecido – eu tivera um ataque cardíaco e eles quase me perderam. Eu não disse nada, mas um mês depois, fui vê-lo para um check-up e contei-lhe minha experiência. Ainda estava experimentando aquela sensação incrível de paz e propósito. Contei a ele sobre deixar meu corpo através da cabeça, sobre flutuar acima dele perto do teto, sobre observá-lo tentar ressuscitar tanto a mim quanto ao outro sujeito, sobre aquela luz maravilhosa".

"O médico pareceu confuso. Tudo que pode dizer foi: 'Você deve ter tido uma reação à medicação'. Eu disse: 'Não, não foi uma reação, foi a coisa mais real que já me aconteceu'. E ele respondeu: 'Escute, você não sabe o que está dizendo. Você estava morto; morto e perdido por quinze minutos. Seu coração não estava batendo. Então, *bang*, seu coração começou outra vez, e aqui esta você'. Respondi: 'Doutor, assisti você durante aquela ressuscitação. Vi o homem na cama perto de mim morrer também. Você só tinha um carrinho de ressuscitação e não tinha medicação suficiente, e usou o mesmo conjunto de palmatória em nós dois. E senti o quão preocupados, frustrados e empenhados você e sua equipe estavam'".

"Ele sacudiu a cabeça e disse: 'Absolutamente impossível. Você não poderia ter sabido de nada disso. Você estava inconsciente. A enfermeira deve ter dito a você'. Ele ergueu a mão e disse: 'Sabe, não sei em que você acredita, não sei o que lhe aconteceu, mas para todos os fins práticos você estava morto'. Respondi: 'Eu sei'."

Olhei para o relógio. Eram quase quatro horas da manhã. Sentara-me lá por vários minutos. E então perguntei: "Isso mudou sua vida?".

"Oh, sim, de várias maneiras. Primeiro, não tenho mais medo da morte. Sei que não morremos. A experiência que o médico chamou de morrer foi a coisa mais magnífica que já me aconteceu. Segundo, sei que o amor é tudo o que importa. Ainda amo meus negócios, minhas coisas, mas eles não importam como antes. Importa é quem somos, não o que estamos fazendo. E, finalmente, tento aprender algo a cada dia, reunir conhecimento e então aplicá-lo para tornar este mundo, o meu mundo, um lugar melhor".

Depois disso, ele ficou muito quieto. Recordo-me do quão embaraçada me senti por ter duvidado dele. Disse-lhe que acreditava nele e na incrível jornada que empreendera. E lembro de pensar: *vou me lembrar dessa sabedoria*. E tenho feito isso. Esta história fez uma diferença em minha vida. Ajudou-me a permanecer sensível aos pacientes e suas famílias. E quando meus amados morrem, me conforta saber que não será simplesmente o fim, que todos estaremos juntos outra vez algum dia.

2. Joan Borysenko

Joan Borysenko escreveu treze livros, incluindo: Observing the Body Repairing the Mind, Inner Peace for Very Busy People: 52 Simple Strategies for Transforming Your Life e The Compass of the Soul: A Guide to Spiritual Guindance?, este último em coautoria com seu marido, Gordon Dveirin. Borysenko tem treinamento tanto como cientista médica quanto como psicóloga. Sua visão é juntar ciência, medicina, psicologia e espiritualidade a serviço da cura. Para mais informações, visite www.joanborysenko.com

Minha mãe morreu quando eu estava com quarenta e poucos anos. No dia de sua morte, a família se reuniu para uma vigília junto ao seu leito de morte. Ela estava com hemorragia interna e então levaram-na para fazer um exame. O dia inteiro passou, mas ela não voltava. Fui procurá-la e descobri que tinha ficado o dia todo deitada numa maca do lado de fora do departamento de medicina nuclear. Tivemos uma troca de palavras com um médico que seria bem engraçada em outro momento. Eu disse: "Isso não pode ser. Ela está morrendo. Ela precisa do conforto de sua família".

E o médico disse: "Nós precisamos de um diagnóstico".

Minha mãe, que estava fraca demais, reanimou-se e ergueu-se sobre o cotovelo, olhou nos olhos do médico e disse: "Você precisa de um diagnóstico? Estou morrendo; este é o diagnóstico".

Então eu a roubei. Comecei a empurrar sua maca dali e disse: "Você não vai fazer exame nenhum. Vou levá-la de volta ao seu quarto".

"Espere, as regras do hospital estabelecem que uma atendente deve levá-la". Disse o doutor.

"Ninguém vai levá-la, só eu", e empurrei-a para dentro do elevador de volta ao quarto.

Ela olhou para mim e disse: "Podemos não ter muito tempo e quero que saiba de uma coisa: amo você. Sei que, como mãe, cometi muitos erros, mas gostaria de saber se você pode me perdoar". Naquele instante, anos de incompreensão se desvaneceram, e lá estávamos nós no campo mais profundamente sagrado. Isso me deu uma chance, não somente de perdoá-la, mas também de pedir-lhe perdão por ter sido tão cheia de narcisismo e julgamentos. Aquela curta viagem de elevador foi o momento mais íntimo de nossas vidas.

Quando voltamos ao quarto dela, estávamos num cenário completamente diferente uma com a outra, e perguntei-lhe algo que nunca teria perguntado em circunstâncias normais. Perguntei se ela trocaria uma qualidade de alma comigo. Minha mãe era uma mulher muito simples, mas compreendeu imediatamente. Olhou para mim e disse: "Sempre admirei sua compaixão", o que me tocou profundamente, porque senti que nunca tinha sido compassiva com minha própria mãe. Contei que o que mais admirava nela era sua tremenda coragem. Essa era uma mulher, como muitas de sua geração, que vivera através de muitos tempos difíceis como a Grande Depressão e a morte de muitos parentes em Auschwitz. Mas, como muitas mulheres em circunstâncias difíceis através do mundo, sabia como seguir em frente.

Não muito depois disso, começamos a contagem regressiva, porque ela estava ficando mais e mais fraca. No meio da noite, meu filho de vinte anos, Justin, e eu estávamos sentados junto à cama dela meditando quando subitamente tive uma visão muito profunda, muito real. Eu era uma grávida dando à luz, mas era também o bebê que estava nascendo. Durante a visão, eu estava perfeitamente lúcida, e também em meu estado natural de consciência. Pensei: *Que notável! Estou em dois corpos, e consciente de estar nos dois.* E me ocorreu que isso era o que a consciência de Deus é, e que ela está presente em todo ser humano. Então, minha consciência mudou totalmente dentro do bebê que estava nascendo, e me descobri descendo por um túnel longo e escuro para fora dentro da luz. Uma vez na luz, vi todo o relacionamento com minha mãe desvelado num infinito número de camadas. Vi que ele tinha sido absolutamente perfeito e que tínhamos aprendido lições uma da outra que tinham tornado ambas mais corajosas e compassivas. Tive um sentimento avassalador de gratidão por aquela mulher. E também senti a circularidade das coisas, que ela tinha me dado o nascimento físico e, naquele momento, eu estava dando nascimento à sua alma que partia.

Quando a visão terminou e voltei para o quarto, minha maneira de ver tinha mudado. Em vez de ver as coisas como objetos sólidos, via tudo como energia – parecia que tudo era feito de luz e interconectado. E vi que a energia de seu corpo, agora sem vida, era a mesma da cama, do forro, do chão. Levantei os olhos para meu filho, sentado do lado oposto da cama. Pareceu-me que ele tinha um halo. E estava chorando. Ele olhou para mim com suavidade e disse: "Mamãe, todo o quarto está cheio de luz. Você consegue ver?". Disse-lhe que sim, dei a volta em torno da cama e me sentei próximo a ele.

Ele contou: "Acabo de ter uma visão. Você deve ser extraordinariamente grata à vovó Lily".

Respondi: "Sim, eu sou. Pela primeira vez em minha vida, realmente soube o que era gratidão".

Justin disse: "O que compreendi da minha visão é que ela foi uma alma muito grande, e veio à Terra não só para seus próprios propósitos, mas como uma dádiva a você – de modo que, resistindo a ela, você pudesse se tornar quem verdadeiramente é, pudesse desenvolver a dádiva que tem em dar para outras pessoas". Neste ponto, Justin e eu caímos nos braços um do outro e começamos a soluçar.

Disse a ele: "Cometi muitos erros como mãe. Você pode me perdoar?".

"É claro", disse. E então, quase brincando, acrescentou: "Sabe, o que vi em minha visão é que você deve ter me machucado exatamente da mesma maneira para que eu pudesse desenvolver minhas próprias forças".

Durante um mês, sonhei com minha mãe todas as noites depois que ela morreu. Duas semanas após sua morte, tive um sonho extraordinariamente lúcido sobre a coragem. Descobri-me no topo de montanhas na companhia de um grupo de mulheres mais velhas. Elas disseram que estavam numa escola para espiar, com a palavra espiar significando "ver claramente". Vi a força e a coragem delas, e quis possuir aquilo também. Disse-lhes que queria me juntar a elas, e elas me aceitaram em sua escola. No dia do exame final, perdi-me da minha classe e fiquei vagando do lado de fora, onde encontrei uma grande árvore com um buraco em sua base – eu sabia de alguma forma, que este era o meu exame final. Com completa coragem, pulei dentro do buraco. Quando fiz isso, uma balsa salva-vidas amarela inflável materializou-se embaixo de mim, e fui levada em grande velocidade através de outros planos de consciência. Emergi da luz divina e novamente tive um claro sentido da segurança, do significado e da interconexão de tudo.

Quando acordei naquela manhã, fui tomar café. Perto da cafeteira havia um pequeno adesivo vermelho de cerca de três polegadas com letras brancas espiraladas. Ao primeiro olhar pensei que dizia *Coca-Cola*, mas quando ergui aquilo e olhei mais de perto vi que estava escrito *Coragem*. E pensei: *Meu Deus, é o Distintivo Vermelho da Coragem!* Quando meu marido e filho acordaram mais tarde, nenhum deles tinha visto aquilo antes. Lembrei-me de pessoas que falam de benefícios do mundo dos espíritos, onde coisas daquele mundo se manifestam diretamente dentro deste. E pensei: *Esta foi a promessa da alma de minha mãe para mim, de que me daria a coragem.* Nos momentos em que minha coragem enfraquece, penso nesta experiência e na dádiva de minha mãe para mim.

3. Joseph Costa, Ph.D.

Costa é fundador do Instituto Mundial de Curadores e do Instituto do Pensamento em San Diego, Califórnia. Doutor em filosofia da psicologia, é o descobridor do "Cérebro Corpo Humano" e uma autoridade em fenômenos psíquicos, estados alterados de consciência e misticismo. Membro da Associação Internacional de Pesquisa em Regressão e Terapias, Costa conduz seminários no mundo todo para ensinar o processo do 15º passo, um método que as pessoas podem usar para acessar o mundo interior, conversar intimamente com mestres ascencionados, e receber respostas divinas e cura. Os livros de Costa incluem Bringing the Eagles of Consciousness to the World, Primal Legacy: Thinking for the 21st Century *e* The Second Coming of Yeshu. *Para mais informações, visite www.15thstep.com*

Meus guias apareceram para mim pela primeira vez quando eu tinha quatro anos de idade. De repente, esses quatro velhos estavam no meu quarto. A princípio, imaginei que fossem meus tios, porque tinha uma família grande. Estávamos nos anos 20. Não tínhamos eletricidade, então eles acendiam o quarto e jogavam comigo. Apareciam quase toda noite depois que todo mundo ia dormir. Eu mal podia esperar até todo mundo ficar quieto, porque sabia que estavam vindo.

Depois de um ano, no entanto, eles começaram a me mostrar como movimentar energia conscientemente ao longo de "fios" criados. Se me concentrasse realmente bem, podia movimentar energia de uma "fonte de força" criada para cima para o que eu descreveria agora como uma tela gigante de TV no meio do teto. Podia assistir qualquer coisa que quisesse nela, de filmes de Tarzan a visões em tempo real de meus parentes que viviam próximos.

Quando tinha por volta de seis anos, tive a primeira pista de que eles não eram pessoas "reais". Estava trabalhando em levar energia ao longo das linhas, porque sempre me faziam trabalhar para conseguir que a tela se acendesse. Estava quase na tela quando um guia de cabelo e barba vermelhos postou-se aos pés da minha cama e disse: "Joseph não pode fazer isto". Era a primeira vez que um deles dizia que eu não podia fazer alguma coisa. Aquilo me surpreendeu e perdi o controle da energia. Olhei para ele e disse: "Sim, posso fazer isso".

Concentrei-me de volta para o canto onde estava a fonte de força, trazendo a energia ao longo do circuito e levando-a direto para cima e para a tela. Outra vez, ele disse: "Joseph não pode fazer isto", e bum, perdi outra vez. Fiquei louco da vida e disse com raiva que podia fazê-lo. Tentei mais uma vez e a mesma coisa aconteceu. Quando ele disse: "Joseph não pode fazer isto", pulei da cama, corri para ele e dei-lhe um soco no estômago. Mas meu punho passou direto por ele e atingiu meu armário. Isso me apavorou. Meus cabelos ficaram em pé e corri de volta para a cama chorando.

Quando olhei para cima, eles tinham ido embora. Não fiquei muito seguro de que queria que voltassem, mas é claro que realmente queria. Daquele momento em diante, frequentemente era tentado a estender a mão e tocar naqueles que estavam mais próximos a mim. Então, uma noite, um deles sentou-se aos pés da minha cama e afundou ali. Eu podia senti-lo contra meus pés, e pensei: *Oh, este aí é real.*

Meus guias me visitavam regularmente até que cresci e fui para o exército. E mesmo assim, sempre soube que estavam lá. Frequentemente os escutava, o que era tranquilizador, e não me preocupava com minha segurança. Não os vi realmente outra vez até estar em ação e me meter numa encrenca.

Nosso material de combate era guarnecido de metralhadoras e canhões. Bombardearíamos pesadamente a linha, os alemães se abalariam e então correríamos através da linha com dois tanques, dois semitratores (semitanques metade caminhão, metade tanque) e toda a infantaria. Iríamos para trás das linhas alemãs, tomaríamos uma posição estratégica e a manteríamos.

Uma noite, quando estava chovendo e muito escuro, nosso tanque seguia uma pista e ficamos encalhados e expostos num grande campo de repolhos. Um pistoleiro alemão estava atirando bombas que caíam à nossa volta. Era só uma questão de tempo antes que eles nos apanhassem. Fiquei maluco e disse aos caras que estava saindo para apanhar aquele filho da mãe. Apanhei uma Thompson (metralhadora), saltei para fora e bati a porta. Quando me voltei, o mundo explodiu. A próxima coisa que percebi é que estava numa trincheira a uns quarenta e cinco metros dali. Bombas caiam e vi que nosso tanque estava de cabeça para baixo e explodido. Onde eu tinha estado havia um buraco de pelo menos um metro e oitenta de profundidade. Estava deitado num estribo de tanque lamacento e podia sentir o limo em todo o corpo. Achei que meu corpo fora rasgado e que estava morrendo. Meus óculos estavam pendurados numa orelha, mas eu não tinha um arranhão. Nosso tanque aterrissou de cabeça. Os caras dentro dele estavam todos machucados, mas vivos. Era óbvio que meus guias estavam me protegendo. Era a única resposta possível.

Outra vez, nos deparamos com um tanque Tiger alemão durante a Batalha do Bulge. Estávamos totalmente expostos. Éramos carne morta. Escutei meus guias dizerem para que dissesse a todos que ficassem dentro do tanque, para não se moverem, e foi o que eu fiz. O tanque Tiger chegou de dois e meio a três metros de nós e parou. Um oficial alemão saiu do tanque e olhou em volta. Eu era o canhoneiro, então estava num nível face a face com ele. Estava olhando direto em seus olhos azuis, mas ele olhou através de mim. Se tivesse me visto, eu teria começado a puxar o gatilho, mas nunca teríamos sobrevivido. Os outros caras estavam todos deitados e não faziam ruído, então não sabiam o que estava acontecendo. Quando o tanque alemão partiu, um cara, a quem chamávamos de chefe, levantou-se, olhou em volta e disse: "Estamos numa encrenca de verdade, nós deixamos rastro". Ele deu um passo para fora e disse: "Homem, eu não vi aqueles grandes rastros lá antes. Deve ter sido um tanque Tiger. Deus, foi sorte ele não ter vindo enquanto estávamos presos aqui".

Por volta de 1949, eu estava trabalhando como engenheiro no canal All-American no deserto da Califórnia. Fomos informados de que o projeto no qual eu estava trabalhando – expandindo o sistema de aquedutos para as fazendas e vales no sul da Califórnia – tinha perdido seu financiamento e seria encerrado. Eu estava preocupado com o fim do meu emprego e o que ia fazer em seguida. A caminho de casa, parei para tomar uma cerveja num pequeno bar na entrada da cidade. Sentei-me perto de um cara na extremidade do balcão. O garçom estava na outra extremidade e não havia ninguém mais ali. Pedi minha cerveja e esse cara e eu começamos a conversar. Contei-lhe sobre perder meu emprego e ele disse que no Alasca eu poderia ganhar muito mais pelo mesmo trabalho. Isso me tornou realmente interessado. Continuamos conversando e logo ele me convenceu a ir para o Alasca. De fato, fui direto para casa e contei para minha esposa sobre isso. Pensei em fazer outras perguntas ao rapaz, então corri de volta ao bar para ver se ainda podia encontrá-lo, porque ele disse que estava só de passagem pela cidade. Quando cheguei lá, não havia ninguém além do garçom. Perguntei: "Você viu para que lado foi aquele cara?". O garçom disse: "De quem você está falando?". Respondi: "Você sabe, o cara perto de quem eu estava sentado". Ele olhou para mim como se eu fosse louco e disse: "Desculpe, camarada, mas não havia ninguém sentado perto de você". Quando eu o pressionei, ele disse que eu estava falando comigo mesmo, como se houvesse alguém sentado perto de mim. "Francamente", disse ele, "fiquei no fundo do bar porque você estava agindo de um modo engraçado". Foi assim que percebi que o estranho tinha sido um mestre do outro lado.

Quando perguntei aos meus guias sobre o ocorrido, me disseram que eu devia ir para o Alasca e que precisava partir na próxima semana. Argumentei um pouco com eles, mas finalmente decidi seguir seu conselho. A última coisa que me disseram foi: "É necessário que você consiga sua baixa da Guarda Nacional antes da semana que vem". Fazia sentido, porque não se pode deixar o Estado sem pedir baixa da Guarda Nacional ou conseguir uma transferência. Imediatamente chamei um capitão que vivia perto e perguntei se ele podia conseguir uma baixa. Ele tentou conversar comigo e me convencer a não fazê-lo, mas eu disse: "Não, estou deixando o Estado no próximo final de semana, então tenho que consegui-la de uma vez". O capitão disse que ia resolver e quatro dias depois apareceu com minha baixa.

Isso foi numa quinta-feira, e eu estava partindo no sábado para o Alasca. Sábado de manhã, o capitão apareceu e disse: "Preciso daquela baixa de volta".

Respondi: "Bem, não a darei de volta porque estou partindo em algumas horas". Ele realmente começou a chorar. Eu disse: "Jesus Cristo, qual é o problema?".

Ele disse: "Fomos enviados para a Coreia. Iremos embora antes do final da próxima semana e você é o único com experiência de combate em nossa companhia. Precisamos realmente de você".

"Bem", eu disse, "estou fora. Já cumpri minha quota além-mar".

Ele tentou com empenho me convencer a não partir. Dizia: "Não vamos sobreviver a isto sem você, sem alguém que saiba o que eles estão fazendo. Precisamos do seu apoio".

Fui para o Alasca e aquela unidade foi literalmente destruída na Coreia. Logo após sua chegada, entraram em combate e, a maioria, senão todos, foram mortos ou capturados. Este foi outro caso em que meus guias me afastaram do perigo e me levaram a um lugar seguro para que eu pudesse continuar a fazer o trabalho para o qual fui designado.

4. Kathryn Harwig

Dentre os livros de Harwig incluem-se The Intuitive Advantage, Your Life in the Palm of Your Hand, e The Angel in the Big Pink Hat., que fala e dá seminários sobre intuição e vida após a morte, conduzindo frequentemente retiros e conferências, é convidada regular na rádio WCCO em Minneapolis, Minnesota. Para mais informações, visite www.harwig.com

Sou intuitiva desde garotinha. Quando eu tinha três anos, podia contar às pessoas sobre suas vidas, simplesmente olhando para suas mãos. O problema era: cresci em uma família fundamentalista cristã numa pequena cidade de Minnesota. A princípio, minhas capacidades foram consideradas um tipo de gracinha, mas essa atitude mudou dramaticamente quando cresci. Minha mãe estava fascinada porque eu podia predizer eventos futuros, mas ficava também muito assustada – chegava a comprar tábuas de *Ouija*[2] e então as queimava após serem usadas, porque capacidades paranormais eram consideradas demoníacas.

Considerando que eu também tinha asma grave e não podia brincar e correr como as outras crianças, tive uma infância muito anormal. O que eu mais queria na vida era simplesmente ser normal. Então, quando fui para a faculdade, escolhi meu próprio caminho para ser uma pessoa comum: casei-me, comprei uma casa no subúrbio e me juntei a uma igreja tradicional. Continuava a ler sobre espiritualidade, mas era cuidadosa em evitar qualquer aparência externa de misticismo. Consegui trabalho num conselho tutelar e finalmente decidi ir para a escola de Direito, porque imaginava que não havia nada mais normal e respeitável

---

[2] Tábuas de *Ouija*: qualquer superfície plana com letras, números ou símbolos utilizada supostamente para comunicação com espíritos (N.R.)

que ser advogada. Meu marido e eu trabalhávamos período integral durante o dia e íamos juntos à escola de Direito nas noites e finais de semana. Foram três anos e meio extenuantes.

Num domingo à noite durante o jantar, seis semanas antes de eu terminar a faculdade, senti subitamente uma intensa dor no peito. Minutos depois, estava gritando de agonia e meu marido correu comigo ao pronto--socorro. Após um exame rápido, um médico disse que eu tinha uma obstrução no esôfago; ele tinha que me dar bário para beber, assim poderia tirar um raio-X. Imediatamente entrei em colapso. Descobrimos mais tarde que um buraco tinha se rasgado em meu esôfago e o bário vazara por ele para dentro da cavidade torácica. Inconsciente do que tinha acontecido, fui internada para esperar que um especialista me examinasse na manhã seguinte.

Durante a noite, o bário endureceu na minha cavidade torácica, o que causou uma dor excruciante. Quando amanheceu, eu tinha inchado como um balão e estava quase inconsciente. O especialista deu uma olhada em mim e ficou verde – ele sabia que havia alguma coisa muito pior acontecendo do que uma simples obstrução. Uma enfermeira me levou de cadeira de rodas a uma pequena área fechada e disse para eu esperar ali. Eu não sabia, mas o especialista estava em pânico, correndo para consultar outros médicos.

Jogada numa cadeira de rodas, senti que estava deixando meu corpo. Simplesmente, flutuei até o forro e fiquei olhando para baixo, para meu corpo. Não tinha qualquer ligação com meu corpo físico. Lembro-me de pensar, completamente desapaixonada, bem, se não for feita alguma coisa depressa, ele vai morrer. Era como se estivesse olhando para um par de meias sobre o chão e ter que decidir se as lavava ou as atirava fora. Naquele estado, passeei pela sala onde os médicos estavam conferenciando a meu respeito. Eles estavam apavorados, não somente com a minha condição, mas com as questões do erro médico. Mais tarde cheguei muito daquela conversa com um dos médicos que estava lá.

A próxima coisa da qual me lembro foi de acordar. Uma cirurgia torácica de emergência tinha salvado minha vida, embora eu continuasse extremamente doente por outros cinco anos por causa do dano ao meu coração, pulmões, pâncreas e outros órgãos. Disseram-me que minha expectativa de vida era de cinco a dez anos. Isto foi há vinte e cinco anos. Ainda sinto muita dor, mas aprendi algumas técnicas de auto-hipnose que a controlam muito bem.

Essa provação virou minha vida de cabeça para baixo. Antes de ir para o hospital, estava preocupada em terminar a escola de Direito entre os dez por cento melhores alunos da minha classe. Ia conseguir emprego numa grande firma de advocacia, ganhar muito dinheiro e ter todas as coisas que a sociedade valoriza. Mas depois que saí do hospital, nada disso importava. Meu corpo e objetos materiais não significavam mais nada para mim. Exerci a profissão de advogada por um tempo, mas nunca fui para uma grande firma. Estabeleci meu próprio escritório, mas enquanto o tempo passava, não podia me livrar do sentimento de que deveria fazer outra coisa.

Depois de muita confusão, finalmente cheguei à compreensão de que, se nada material importava realmente, então as únicas coisas importantes eram as questões espirituais. Foi quando comecei a reexplorar as dádivas que para mim tinham sido dadas, na infância e como poderia usá-las para ajudar pessoas.

Desde aquele dia, sempre que lembro daquela manhã no hospital, quando olhava meu corpo lá embaixo jogado numa cadeira de rodas, penso que podemos deixar nossas peles tão facilmente quanto despimos nossas roupas – e isto é o quanto nosso corpo realmente significa para nós. Ainda estou ligada ao meu corpo e às posses materiais, claro, mas sou plenamente consciente de quão efêmeros eles são – como podem facilmente escapar de nossas mãos. Faço o melhor que posso para manter minha atenção centrada no que verdadeiramente importa.

5. James Van Praagh

> *Van Praagh, um dos médiuns mais conhecidos mundialmente, faz a ponte entre vivos e mortos, fornecendo evidencias da vida após a morte via mensagens detalhadas daqueles que partiram. O primeiro de seus cinco livros,* Conversando com os espíritos, *serviu de inspiração à minissérie da CBS de 2002,* Living with the Dead, *estrelada por Ted Danson. Esta por sua vez, inspirou,* Ghost Whisperer, *um drama semanal da CBS estrelado por Jennifer Love Hewitt e produzido de forma coexecutiva por Van Praagh. Seu programa diurno de entrevistas,* Beyond with Van Praagh, *levado ao ar nos Estados Unidos durante o período de 2002-2003, ainda está sendo exibido através do mundo. Para mais informações, visite www.vanpraagh.com*

    Um dos meus primeiros encontros com o reino espiritual foi aos vinte e poucos anos, quando minha vida foi salva por um espírito. Isso foi muito antes de eu começar a fazer o trabalho que faço agora.

    Passava da meia-noite de sábado quando saí de uma festa na casa de um amigo. Estava dirigindo um carro velho – acho que era um Impala 1967 – porque tinha acabado de me mudar para Los Angeles e não tinha dinheiro. O marcador de gasolina não funcionava, então eu tinha que me basear na quilometragem para avaliar quanta gasolina eu tinha. Então, no caminho para casa à uma da manhã, fiquei sem combustível. Graças a Deus era um cruzamento movimentado em Hollywood e havia um posto de gasolina bem na esquina. Caminhei para lá e eles encheram uma lata de combustível para mim.

Como em muitos carros velhos, o tanque de gasolina era debaixo da placa, então fui para trás do carro e me ajoelhei ali para abri-lo. Foi quando descobri que a lata de gasolina que tinham me dado estava vazando. Mesmo assim, estava tentando usá-la quando, subitamente, percebi um homem mais velho com cabelos brancos como neve parado à minha direita. Lembro-me de que tinha olhos muito doces. Ele disse: "Você deve voltar ao posto e arranjar outra lata agora". Nem mesmo o questionei. Não sabia por quê. Suponho que estava num estado realmente estranho, porque tinha ficado sem gasolina no meio de
  um cruzamento movimentado à uma da manhã numa noite de sábado em Hollywood.

Então levantei e caminhei de volta ao posto para conseguir uma nova lata. Enquanto batia no vidro do balcão, escutei uma forte batida. Olhei para trás e assisti em choque enquanto meu carro descia a rua, subia pela calçada e se chocava contra um poste. Um carro tinha batido no meu por trás. Procurei o velho, mas ele não estava em parte alguma, embora somente meio minuto tivesse passado. Eu estava tão trêmulo que não me dei conta até a manhã seguinte de que poderia facilmente ter morrido. Não fosse por aquele homem, teria ficado ajoelhado ali colocando gasolina no tanque e aquele carro teria vindo diretamente para cima de mim. Olhando em retrospecto, sei que ele era um anjo. Não tenho qualquer dúvida sobre isso.

6. Doreen Virtue, Ph.D.

Virtue, clarividente, tem os graus de bacharelado, mestrado e Ph.D em psicologia do aconselhamento. É autora de vinte e dois livros sobre questões mente-corpo-espírito, incluindo Healing with the Angels, Divine Guidance, e Eating in the Light. É fundadora e ex-diretora do Hospital Psiquiátrico WomanKind no Hospital Cumberland Hall em Nashville, Tennessee. Para mais informações, visite www.angeltherapy.com.

Durante minha carreira, me arraigara o hábito de ignorar minha orientação divina porque meus anjos ficavam insistindo que eu deixasse meu emprego de psicoterapeuta e ensinasse cura espiritual às pessoas. Não havia maneira de eu fazer aquilo! Era uma autora com publicações e uma psicoterapeuta muito respeitada. Se fosse começar a falar sobre coisas como anjos e vida após a morte, perderia tudo!

Parei de discutir com meus anjos em 15 de julho de 1995, o dia em que ignorar seu conselho quase custou minha vida. Estava me aprontando para ir a uma reunião em Anaheim, Califórnia. Estava sozinha no quarto me vestindo quando escutei uma voz masculina dizer muito claramente: "É melhor você subir a capota do seu carro ou ele vai ser roubado". Compreendi o que a voz queria dizer porque tinha uma bela e pequena BMW 325i; mantinha a capota abaixada porque o motor que a levantava estava quebrado. A voz repetiu o aviso mais três vezes, mas continuei discutindo com ela. Disse que não podia manter a capota levantada, e, além disso, estava com tanta pressa de chegar ao meu encontro que não tinha tempo de lidar com aquilo.

Uma hora depois, quando entrei no estacionamento próximo ao meu encontro, fui abordada por dois homens armados que exigiram as chaves do carro e minha bolsa. Era um cenário inteiramente diferente do que eu tinha imaginado – achei que, se meu carro estava para ser roubado, seria enquanto eu estivesse no prédio. Por sorte, meu anjo não tinha me abandonado. Ele disse: "Grite com toda força que tiver", e desta vez eu o escutei. Nem mesmo sei o que deu em mim para gritar tão alto, mas foi exatamente o que fiz. Meu grito atraiu a atenção das pessoas no prédio, e uma mulher no estacionamento começou a apertar sua buzina. Os olhos do ladrão mais próximo de mim ficaram grandes como pratos, e os dois fugiram.

Depois desse incidente, muitas mudanças começaram a acontecer em minha vida, tanto pessoal quanto profissionalmente. Primeiro de tudo, fiquei muito chocada com a presciência do anjo e comecei a fazer uma grande pesquisa, incluindo entrevistar pessoas que tinham sido alertadas por anjos. Minha pesquisa mostrou que estas experiências não eram paranormais. Eram normais e muito comuns; só que as pessoas não falavam sobre isso.

Quando perguntei aos anjos o que deveria fazer em seguida, eles disseram que eu parasse de fazer psicoterapia e em vez disso fazer anjo terapia. Também disseram para deixar de cobrar por meus serviços! Protestei porque não sabia como pagaria minhas contas, mas eles simplesmente disseram que eu não me preocupasse com isso. Bem, logo em seguida, começaram a aparecer uma palestra após a outra. Também fui chamada a escrever um livro de mensagens dos anjos, então mandei um e-mail ao meu editor e contei-lhe que queria escrever um livro chamado Anjo Terapia. Não lhe disse sobre o que era porque eu mesma não sabia! Ele escreveu de volta em uma hora e disse: "Sim, publicaremos esse livro". Tinha estado muito preocupada sobre ter dinheiro suficiente, mas não houve nunca um contratempo com minhas finanças.

Agora está claro para mim que quando você segue sua orientação divina, provavelmente se descobrirá vivendo com pouco dinheiro. Mas o resultado é que sua vida se torna enriquecida de cores maravilhosamente vívidas, tanto metafórica quanto literalmente. Nunca tive tanta alegria, tanto amor, abundância e significado em minha vida. Acordo de manhã animada com o tipo de trabalho que faço. Tudo tem sido um verdadeiro milagre, do começo ao fim.

Momentos Misteriosos

7. Larry Dossey, M.D.

Os dez livros do Dr. Dossey incluem: Poder de cura das coisas simples, Reiventando a Medicina e As palavras curam. *O Dr. Dossey, editor executivo da Explore: The Journal of Science and Healing, uma publicação bimestral especializada, tem se tornado um advogado internacionalmente influente do papel da mente na saúde e do papel da espiritualidade nos cuidados à saúde. Para mais informações, visite www.dosseydossey.com e www.explorejournal.com*

O aspecto mais importante de minha vida espiritual é um sentimento de identificação com o divino. Ele permeia minha vida e se manifesta como um sentido de identificação e unidade com outras pessoas.

Muito acreditam que, a menos que tenham algum tipo de incrível e súbita epifania transformadora da vida, sua jornada espiritual não será válida ou genuína. Temos que nos precaver. O caminho espiritual é extraordinariamente variado e vem em muitos sabores. Uma das coisas que eu gostaria de dizer às pessoas é: o que realmente importa são a profundidade e a persistência, não a pirotecnia, os fogos de artifício que alguém possa experimentar de tempos em tempos.

Uma parte fundamental do meu desenvolvimento espiritual tem envolvido ciência, mais precisamente o estudo da cura à distância e da prece intercessória, a respeito do que tenho escrito extensivamente. Considero os estudos científicos que apoiam o poder da prece uma evidência da unidade que os grandes místicos descreveram através da história.

Minha pesquisa me convenceu de que estamos todos conectados em algum nível muito profundo, através de espaço e tempo, de um modo que mal percebemos no estado de consciência desperta. Parece ser um benevolente e absolutamente maravilhoso lado do Universo; de outra forma, a cura por meio do pensamento, da intenção e da prece não poderia acontecer.

Embora não tenha havido nenhum momento incrível em minha vida que alguém pudesse chamar de epifania, tenho experimentado o que chamam "mente não local" (parecido com consciência coletiva), unindo-me aos meus pacientes através de sonhos. Esses sonhos, que geralmente ocorriam à noite antes que eu fosse ver o paciente, eram extremamente vívidos e cheios de fatos clínicos.

Por exemplo, durante meu primeiro ano como médico interno num hospital de Dallas, sonhei com Justin, o filho de quatro anos de um colega. Tinha encontrado essa criança somente algumas vezes e certamente não a conhecia bem. No sonho, Justin estava estendido sobre uma mesa de exames e um de seus pais tentava confortá-lo. Havia um tipo de técnica médica tentando fazer alguma coisa em sua cabeça, mas Justin não queria de jeito nenhum; ele estava frenético. Finalmente, a técnica ergueu as mãos e disse: "Desisto; não dá!" e foi embora. O sonho foi tão vívido e perturbador que quase acordei minha esposa para contar sobre ele.

Naquele dia na hora do almoço, eu estava comendo um sanduíche na lanchonete com o pai de Justin. Subitamente, a esposa dele se aproximou de nós carregando seu menininho que estava chorando. Ela contou ao marido que tinha acabado de vir do laboratório de EEG (eletroencefalografia) onde a técnica tinha tentado obter um eletroencefalograma. Mas Justin tinha ficado furioso e não cooperara. Foi um fiasco tão caótico que a técnica, que nunca tinha sido frustrada em seus esforços em obter um EEG numa criança, tinha finalmente desistido e abandonado o procedimento. Eu estava sem fala porque tinha sonhado com aquele evento em detalhes quase fotográficos na noite da anterior.

Mais tarde fui ao consultório do meu colega e disse: "Olha, precisamos conversar. Existe alguma maneira que eu pudesse saber que seu filho estava agendado para um EEG hoje?".

Ele disse: "Não seja tolo, claro que não. Ninguém sabia disso exceto minha esposa, eu e o neurologista". Ele disse que Justin tivera uma febre no dia anterior e uma breve convulsão, então seus pais tinham marcado uma consulta apressada.

Quando lhe contei sobre meu sonho, meu amigo ficou extremamente perturbado e não quis ouvir mais nada a respeito. Ele soube num instante, assim como eu, que se tomasse esse sonho seriamente teríamos que rever nossa ideia de realidade, da própria natureza de como o mundo funciona. Gastei anos para revisitar essa experiência, o que finalmente fiz no livro *Reinventing Medicine*.

8. Wayne W. Dyer, Ph.D.

Dyer, afetuosamente chamado de "Pai da Motivação" por sua legião de fãs, é uma das pessoas mais conhecidas e respeitadas no campo da autoajuda. Ele se tornou um autor bem conhecido com seu bestseller Seus Pontos Fracos *e continuou a escrever muitos outros clássicos de autoajuda, incluindo* Realize seu destino, There's a Spiritual Solution to Every Problem *e* 10 Segredos para o Sucesso e a Paz Interior. *Para mais informações, visite www.drwaynedyer.com.*

Em outubro de 2000, liderei um grupo de vinte e cinco ou trinta pessoas numa viagem à cidade francesa de Lourdes, onde a Virgem Maria apareceu repetidamente a Bernadette Soubirous, uma garota local de quatorze anos, há quase cento e cinquenta anos. A "água mágica" da gruta curou milhares de pessoas ao longo dos anos, e mais de vinte mil pessoas tinham vindo de toda parte do mundo simplesmente para estar nesse belo lugar – cerca de três mil delas em cadeiras de rodas ou macas. À noite houve uma procissão, e todas as pessoas reuniram-se na gruta onde a Virgem Maria tinha aparecido à Santa Bernadette. Ninguém tinha organizado nada e não foi dito às pessoas o que fazer. A canção "Ave-Maria" foi tocada em cinco línguas diferentes em toda cidade, todo mundo tinha velas nas mãos, e nós todos simplesmente comparecemos e caminhamos juntos em silêncio. Foi uma das experiências mais pacíficas, mágicas e belas que tive em minha vida; durou cerca de duas horas e eu não queria que terminasse.

No dia seguinte, voei para Paris e liguei a televisão pela primeira vez em várias semanas. Todas as notícias mostravam israelenses e palestinos jogando pedras uns sobre os outros na margem ocidental, e pensei que nossa experiência em Lourdes era uma história muito maior. Aquela bela procissão acontece todos os anos a cada noite entre abril e outubro, e todos vêm para celebrar a paz, o amor, o perdão e a cura. E o que atrai toda a atenção dos noticiários? Algumas centenas de pessoas atirando pedras umas nas outras.

Nossa próxima parada foi Assis, na Itália, local do nascimento de Francesco Bernardone, mais conhecido como São Francisco de Assis. Eu tinha dado uma palestra ao grupo sobre São Francisco, e tivemos muitas discussões sobre o poder de suas palavras e sua vida.

São Francisco foi a primeira pessoa a experimentar os estigmas – as feridas do Cristo. De fato, muitos achavam que ele *era* o Cristo, reencarnado treze séculos depois. Dizem que sua energia pessoal era tão poderosa que qualquer um que caminhasse próximo a ele seria automaticamente curado. O autor hindu Patanjali disse uma vez: "Quando você se torna constante em sua abstenção de pensamentos prejudiciais dirigidos aos outros, todas as criaturas viventes cessam de sentir inimizade em sua presença". São Francisco personificava essa abordagem pacífica e reverente da vida, e olho para ele como um modelo do que aspiro ser em minha vida.

Nós visitamos um castelo em San Damiano bem na entrada de Assis – a casa do convento que São Francisco estabelecera para Santa Clara, a primeira mulher admitida na ordem dos franciscanos. Nosso plano era subir até o terceiro andar para ver o lugar onde Santa Clara morreu. Um jovem chamado John Graybill foi o primeiro a subir as escadas, e eu vinha logo atrás dele. John tinha vinte e dois anos e pesava quase noventa quilos com seus aparelhos ortopédicos, ele os usava porque, como disse, seu corpo – não ele – tinha distrofia muscular. Quando tínhamos subido oito ou nove passos, a escada começou a se estreitar e John percebeu, para seu desapontamento, que não podia ir muito mais longe – não conseguia estender suas pernas para a esquerda ou para a direita, a única maneira de conseguir subir um lance de escadas. Ele virou para mim e disse: "Não sei o que fazer. Não posso voltar atrás em meus passos porque todas as pessoas estão na fila, e não posso subir porque não consigo movimentar minhas pernas".

Eu imediatamente disse: "Por que você não sobe nas minhas costas e eu o carrego?".

Mas tinha me esquecido de duas coisas – esqueci que estava nos meus sessenta anos e também que tinha um sério problema de ligamentos e cartilagem no joelho esquerdo que requeria cirurgia (eu tinha corrido oito milhas por dia, todos os dias, por vinte e dois anos e também jogara muito tênis, então nos últimos anos tinha sido forçado a usar um aparelho ortopédico enquanto fazia aquelas atividades). Depois de ter subido apenas dois degraus com John nas minhas costas, subitamente senti meu joelhos começarem a desmoronar. Naquele mesmo instante, tive uma visão de São Francisco, e subitamente meus joelhos ficaram direitos, eretos e fortes. Tive também uma explosão de energia como nunca antes em toda minha vida. Simplesmente não caminhei o resto dos degraus, corri os últimos dois lances e meio de escada com John em minhas costas!

Quando cheguei ao topo, não estava nem ofegante. Minha esposa estava incrédula. Ela disse: "Como pôde carregá-lo assim? Você esteve correndo, mas ainda tem toda essa energia!". Todo mundo ficou chocado com o que eu tinha acabado de fazer, incluindo eu mesmo. Saímos para a varanda, juntei as mãos em prece e dei graças a São Francisco pelo que parecia ser uma cura milagrosa. Sem que eu soubesse, uma mulher chamada Pat Eagan, que estava na viagem conosco, bateu uma foto minha naquela posição. Quando ela me enviou a foto, fiquei tão impressionado que a enviei para meu editor – e decidimos usá-la na capa do livro que eu tinha acabado de escrever: *For Every Problem There is a Solution*. A experiência me afetou tanto que, quando voltei aos Estados Unidos, reformulei o livro para que os últimos sete capítulos fossem intitulados após uma linha da famosa prece de São Francisco:

Prece de São Francisco de Assis

Senhor, fazei de mim um instrumento de vossa paz;
onde houver ódio, que eu leve o amor;
onde houver ofensa, perdão;
onde houver dúvida, fé;
onde houver desespero, esperança;
onde houver trevas, luz;
onde houver tristeza, alegria.
Ó Mestre Divino, fazei que eu possa não procurar mais
ser consolado como consolar;
ser compreendido como compreender;
ser amado como amar.
Porque é dando que se recebe;
É perdoando que se é perdoado;
E é morrendo que se vive para a vida eterna.

Aquela corrida pelas escadas com John em minhas costas foi um dos eventos mais miraculosos e transformadores de minha vida. Fez nove anos neste mês de outubro e meus joelhos estão completamente curados – não tenho mais que usar braçadeiras para jogar tênis ou correr. É muito claro para mim que a energia divinamente inspirada de São Francisco ainda está atuando hoje naquele antigo castelo.

9. Tom Gegax

Gegax é um requisitado consultor de negócios e palestrante. Seu livro The Big Book of Small Business: You Don't Have to Run Your Business by the Seat of Your Pants: é um guia esclarecedor que combina responsabilidade insistente com eficiência (primeiro o lucro) com uma abordagem cuidadosa (primeiro as pessoas) numa embalagem prática que honra a ambos. Gegax é cofundador e presidente emérito da Tires Plus, a maior rede independente de lojas de pneus do país. Para mais informações, visite www.gegax.com

Em 1989, eu achava que minha vida estava indo muito bem. Então, num período de seis meses, fui diagnosticado com câncer, meu casamento de vinte e cinco anos terminou e meu diretor financeiro veio ao meu escritório e disse: "Tom, a conta do banco está um milhão de dólares a menor e sua linha de crédito está esgotada. O que vamos fazer?". Então, simples assim, as três áreas mais importantes da minha vida – minha saúde, meu relacionamento amoroso e minha carreira – entraram em colapso. Fui atingido pela dura realidade de que não somente minha vida não tinha funcionado, mas que eu era o maior responsável por tudo isso.

Foi quando comecei a buscar um modo diferente de ser no mundo. Sabia que tinha de me reconstruir e criar relacionamentos mutuamente compensadores em todas as áreas de minha vida para ser verdadeiramente feliz. Foi um longo e doloroso processo, mas, explorando estilos de vida mais saudáveis e fazendo escolhas melhores, fui finalmente capaz de recuperar minha saúde, encontrar uma mulher maravilhosa para partilhar minha vida e tornar meu negócio uma indústria de ponta.

Três anos depois daquele triplo trauma, fiz uma viagem de meditação às ilhas gregas com o propósito expresso de conseguir entrar em contato comigo mesmo, algo que não fora capaz de fazer em meio aos negócios da vida diária. Ouvi dizer que os gregos tinham o pior sistema de telefonia do mundo, então decidi ir até lá fazer um retiro. Fiz uma pequena excursão, mas a maior parte do meu tempo era gasto meditando dia e noite no meu quarto. Não tinha horário para comer ou dormir. Queria me perder, não pensar, mas simplesmente ser.

Lembra-se do filme *Cocoon* em que duas pessoas estavam na piscina virtualmente tendo experiências orgásmicas em bem-aventurança? Era como eu me sentia. Era capaz de entrar em incríveis estados de transe, simplesmente sentando lá e meditando, não pensando nas mudanças em minha vida, sentindo um profundo sentimento de conexão com tudo. Foi um estado único de me sentir na Terra e ao mesmo tempo sendo um com o Universo. Tinha meditado antes, mas nunca em tal estado de profundidade.

Uma noite, após um dia particularmente feliz e meditativo, acordei às três da manhã. Sobre o travesseiro bem perto de mim estava uma brilhante e resplandecente arca do tesouro. Estava completamente acordado; a arca não era definitivamente produto de minha imaginação. Olhei para ela por dez ou quinze segundos e finalmente pensei, vou tocar nesta coisa. Quando minha mão se aproximou da arca, ela vagarosamente foi se desvanecendo até desaparecer por completo. Coloquei-me de pé e escrevi tudo aquilo, no caso de tentar me enganar na manhã seguinte pensando que não tinha acontecido. O significado foi muito claro para mim – se você tira mais tempo para meditar e entrar em você, os tesouros são imensos.

Por mais uma semana, até voar de volta para casa, tudo parecia brilhante e mágico. Era como viver numa terra de fantasia. Meus sentidos estavam exaltados e poderosos e eu estava experimentando a vida num grau maior, o qual nunca senti antes. Adoraria dizer, sim, visito aquele lugar constantemente, mas, mesmo tendo ido a outros retiros desde então, não fui capaz de repetir aquela experiência.

10. Andrew Harvey

Harvey, autor, professor e estudioso místico, escreveu e editou mais de trinta livros. Dentre eles, Son of Man: The Mystical Path to Christ; The Sun at Midnight: A Memoir of the Dark Night; Um Passeio com Quatro Guias Espirituais[3]. Para mais informações, visite www.andrewharvey.net.

Em 1997, minha mãe enviou para mim um fax de Coimbatore no sul da Índia, onde nasci, dizendo que meu pai estava morrendo e que eu deveria ir para lá o mais rápido possível. Eu morava em São Francisco naquela época. Consegui tirar um visto em dois dias e estava ao lado de sua cama na semana seguinte.

O que aconteceu em seguida foi a mais bela semana de minha vida; porque meu pai e eu fomos capazes de nos comunicar num nível de profundidade e verdadeira elevação espiritual como nunca antes. Todas as nossas diferenças políticas e pessoais foram submersas num grande entendimento doce e terno. E percebi como ele primorosa e absolutamente tinha sempre me amado e o quanto sempre me guardara em seu coração. Isto em si foi uma grande cura. Mas outra cura em escala ainda maior estava para acontecer.

Durante nosso tempo juntos, meu pai e eu não conversamos sobre nada que tivesse acontecido entre nós. Conversamos sobre Jesus. Ele falou da profundidade de sua paixão e de sua fé simples em Jesus. Agora que estava enfrentando a morte, estava conversando interiormente com Jesus no Getsemani – porque, como ele disse, Jesus sabe tudo sobre os terrores do coração, e nos acompanha em qualquer angústia e solidão em que estivermos.

"Então agora estou enfrentando a morte como Ele a enfrentou no Jardim do Getsemani", disse meu pai. "Estou conversando com Ele como se Ele estivesse no jardim, para que Ele possa me ajudar."

Fiquei profundamente comovido pela fé de meu pai e pela simplicidade, pureza e nobreza dela. E compreendi que suas maiores qualidades como ser humano – cortesia, humildade, generosidade, tolerância – tinham se enraizado numa amizade espiritual de toda uma vida com o Cristo. Muitas vezes, enquanto falávamos, eu sentia no quarto a presença de um extraordinário poder que nos envolvia em asas de luz. E ele sentia também.

---

[3] Seu DVD, *Sacred Activism*, está disponível em: www.hartleyfoundation.org.

Em seu leito de morte, fui capaz de ensinar a meu pai uma prática que aprendi dos mestres tibetanos de visualizar o Bem-amado Divino em qualquer forma em que você o ame, para que possa entrar num relacionamento total com Ele. Uma das maiores alegrias de minha vida é que, antes de morrer, ele disse à minha mãe que tinha praticado a visualização e visto realmente o Cristo vivo.

Cheguei a Coimbatore numa terça-feira. No domingo, fui à missa numa igreja católica chamada Igreja do Cristo Rei. Um pequeno e rechonchudo pároco indiano pregou um sermão absolutamente simples e comovente sobre como Cristo é o rei místico da realidade – não só pelos milagres que fez, ou pela enorme influência que tem tido, mas por causa do serviço desinteressado dele a todos os seres como resultado de compaixão e amor completos e definitivos.

Essas palavras absolutamente fisgaram minha alma. Eu tinha sido totalmente exposto pela proximidade da morte de meu pai e completamente aberto à bem-aventurança e à dor que passou entre nós. Escutei as palavras do pároco como se elas tivessem sido ditas diretamente a mim e eu acordasse para a essência do caminho espiritual – que é, acredito, o serviço em todas as suas formas, em espírito de absoluta e terna compaixão a todos os seres.

Quando o pároco terminou de falar e se sentou, olhei para cima, onde estava a estátua do Cristo ressuscitado no fundo da igreja. Para meu absoluto temor e espanto, ela se tornou viva e começou a emitir luz dourada irradiante. Soube, sem qualquer sombra de dúvida, que o Cristo vivo ressuscitado estava aparecendo e irradiando, através de mim, inflamando uma infinita paixão. Todo o meu ser estremeceu e se inflamou na rara, terrível, forte e gloriosa força de intensa paixão extática fluindo Dele para mim. Quando essa força me penetrou, pareceu varar meu peito aberto e abrir meu coração, de onde uma força menor em resposta começou a irradiar a grande força que emana do Cristo.

Naqueles momentos sagrados, compreendi a verdade que os grandes místicos do amor divino de todas as tradições tinham tentado nos ensinar – que amante, amado e amor são uma só coisa e que essa unidade na inflamada e terna comunicação do divino amor é a realidade absoluta e final do universo.

Eu estava de pé perto do meu irmão, que é banqueiro, e tive que me controlar. Mas lágrimas de êxtase, gratidão e infinita alegria brotaram de meus olhos. Senti que um período da minha vida tinha terminado e outro completamente novo estava começando. Tinha estado numa selvagem e assustadora noite escura da alma por muitos anos, experimentando o desnudar, o abrasar e o queimar de todas as minhas ideias e agendas. Essa experiência suprema assinalou para mim o amanhecer da minha mais interna e divina identidade. Eu sabia, de um estudo da literatura cristã mística, que experiências de ressurreição de Cristo como esta muito frequentemente assinalavam o fim da noite escura e o começo da consciência da identidade divina. Contudo, a experiência não terminou com minha visão. Quando cambaleei para fora da igreja dentro do quente meio-dia indiano, vi um homem jovem, numa camisa imunda, debruçando-se miserável e desoladamente numa poça. Ele foi um dos mais belos seres humanos que eu já tinha visto, com uma face absolutamente purificada pela extrema dor e o extremo sofrimento. Quando o ajudei a sair da poça, percebi que da mesma forma que tinha visto o Cristo vivo na estátua, estava vendo-O agora naquele ser desesperado à minha frente. E quando olhei dentro dos olhos do Cristo defeituoso, escutei dentro de mim uma voz trovejante dizer:

> Você vem brincando com a luz por anos e usando as experiências místicas que o divino tem-lhe dado para sua própria satisfação, carreira e autoengrandecimento. Você deve parar com isso, porque o único propósito do despertar místico é fazer de você um servo do amor divino no mundo e ajudá-lo a dedicar todos os seus pensamentos, emoções, ações e recursos à dissolução das circunstâncias que criam o tormento, a miséria, a solidão, a depressão e a desolação que vê diante de você. Neste mundo atormentado, ameaçado de extinção, é tempo de perceber, Andrew, que deve abandonar todas as formas de narcisismo e autoabsorção. É tempo de dedicar todo seu trabalho a produzir a revolução da consciência do Cristo no mundo, para que os seres humanos possam se transformar e às condições que criam, então esta natureza pode ser preservada, porque o mundo está num perigo extremo e potencialmente terminal.

Essas palavras – e é claro eu as estou parafraseando e colocando-as em linguagem, porque elas me vieram em grandes blocos de profunda emoção – têm sido a força impulsionadora por trás de todo o trabalho que tenho feito nos últimos anos. Minha experiência na igreja nunca morreu em mim, e não acredito que morra algum dia. Em cada momento de cada dia, sinto a presença daquela chama de paixão divina no mais profundo do meu coração. E sei que a única esperança para a humanidade é assumir o desafio do Cristo vivo – colocar o amor divino e a divina compaixão numa radical ação transformadora sobre cada nível e em cada arena do mundo, para transformá-lo antes que o poder destrutivo da humanidade absoluta e completamente o devaste.

Esse ativismo sagrado, que é como expresso minha visão do Cristo, é para mim uma fusão do nível mais profundo da prática mística do poder, força, paixão, paz e clareza com ação concentrada, sábia, não violenta e radical no mundo real. Sei que esse trabalho de ativismo sagrado é o trabalho da consciência de Cristo e que é crucial para a preservação do planeta. Acredito que todos os que estão despertos misticamente e acordados para a terrível destruição que está acontecendo agora no mundo serão intimados pelo divino a essa fusão da prática interior com a ação radical a que fui intimado naquele dia de novembro em Coimbatore.

A revelação veio a mim em termos do Cristo pela minha formação cristã, mas sei que está vindo para milhões de pessoas no mundo inteiro em suas próprias tradições ou símbolos religiosos. E quando ela vem, como veio a mim, vem em uma chama de infinita alegria, paz e êxtase – e numa chama de compaixão agonizante. Essa fusão de êxtase e compaixão agonizante é a marca do que é conhecido nas tradições místicas como o sagrado coração, o centro do coração, o coração da verdade.

Esta experiência me tem dado uma tremenda fé no próximo estágio da evolução humana. Foi o começo de um nascimento – nascimento da presença do divino dentro do meu coração, mente e corpo. Sei que este nascimento não é só meu, mas está acontecendo em meio ao caos e à loucura do nosso tempo – e parcialmente através desse caos – por todo planeta. E é este nascimento – de um novo ser humano divino que tem um foco total sobre a justiça e a ação sagrada transformadora – que oferece a grande esperança para o futuro.

Nascer é, de fato, o significado sagrado da situação apocalíptica que atravessamos agora. Sinaliza que aquilo com que estamos lidando não é potencialmente o fim de tudo, porém o começo de uma nova humanidade divina. Que esta situação apocalíptica é, de fato, o canal de parto – o terrível, espantoso canal de parto – de um novo ser humano divino capaz de cooperar na criação, dentro e sob o divino, de um novo mundo sagrado.

11. Caroline Myss

> *Myss é uma renomada médica intuitiva que ensina em todo o mundo o potencial inexplorado do espírito humano autora de quatro best--sellers do The New York Times: Anatomy of the Spirit, Why People Don't Heal and How They Can, Sacred Contracts, e seu último trabalho, Entering the Castle. Para mais informações, visite www.myss.com.*

Fui, gradualmente, tornando-me consciente de Sai Baba (um avatar nascido na Índia em 1926) durante a última década por causa das histórias sobre ele que continuam aparecendo. Descobri que amigos meus eram devotos. Então fiquei curiosa. É claro, quando vi a aparência dele, pensei: *Você deve estar brincando*. Primeiro de tudo, a ideia de considerar devoção primeiro a um ser humano – eu não podia processar isso; não funcionava na minha teologia pessoal. Segundo, eu não parecia emocionada com o hinduísmo. Então arranjei um ser humano *e* um hindu. E alguém que usava um cabelo daquele! Então, sob todos os aspectos, eu tinha alguém que não fazia muito sentido para mim, o que tornava toda minha devoção mais espantosa porque não sou facilmente seduzida. Verdadeiramente não sou. Mas ao longo dos anos – como eu poderia dizer? – nossos caminhos têm se cruzado de maneiras muito incríveis. Então eu faria ocasionalmente uma prece silenciosa como: *Baba, se você pode escutar, se está aí, você poderia me ajudar*. E então eu adicionaria: *Ei, Jesus, Maria e qualquer um da equipe cristã aí em cima, se estou confusa aqui, não é por falta de fé, estou só dando um alozinho. Não vamos criar caso por causa disso, certo?*

Se sou supersticiosa? Sim. Sou respeitosa, espiritualmente supersticiosa. E tenho muito de católica para não prestar atenção à minha história católica e demasiada devoção a Jesus, Maria e aos ensinamentos místicos cristãos. Também sou dominantemente monoteísta. Então, voltar minha devoção a Baba foi potencialmente uma crise real para mim. Quer dizer, quem é este homem e por que sou tão atraída por ele? E isto foi muito, muito difícil para mim e ainda é.

A primeira vez em que clamei por Sai Baba foi há mais de dez anos durante um susto com minha saúde quando estava no norte da Escócia. Você precisa que entender que eu estava no meio de lugar algum e ninguém, além dos meus amigos, sabia que eu estava lá. Eu disse: *Baba, nem sei por que estou rezando pra você. Mas se você está escutando, acho que gostaria de um pouco daquele vibhuti* (a cinza sagrada usada na devoção religiosa que Sai Baba materializa à vontade). Agora, por que eu pediria *vibhuti*? Nunca pedira isso na vida. Água benta, sim. Óleo sagrado, uh-huh. Cinzas sagradas, não. "Cinzas" para mim é a Quarta-Feira de Cinzas. A cinza tem seu próprio lugar sagrado na tradição cristã. Mas na Índia, a cinza é o elemento sagrado.

Então, no dia seguinte – logo no dia seguinte! – um pequeno tubo do tamanho de uma caixinha de filme de 35mm chegou cheio de *vibhuti* com uma nota que dizia: "Para Caroline Myss, de Sai Baba". E isso aconteceu dentro de doze horas após a minha prece, e eu estava lá em cima onde Judas perdeu as botas, nas terras altas da Escócia! O embrulho tinha vindo de alguém que conheci muitos anos atrás, e participado de três das minhas palestras em Copenhague. Eu nem conhecia aquele homem! Você sabe quantos milhares de pessoas encontro? Acha que eu daria àquele homem meu endereço, muito menos minha programação social, além de chamá-lo e dizer-lhe que estava indo ver alguns amigos no norte da Escócia no caso de ele precisar me encontrar? Compreende o quão ridículo é? Foi por isso que aquele embrulho me impressionou tanto. Quero dizer, se eu tivesse recebido uma ligação de um verdadeiro amigo íntimo que dissesse: "Ei, acabo de mandar *vibhuti* pra você", já teria sido impressionante o suficiente. Mas ter realmente chegado um pacote, enviado por alguém que nem conheço foi além de impressionante. E para onde ele o enviou? Para o local em que eu visitava amigos numa remota parte da Escócia! Um perseguidor obsessivo não faria um trabalho tão bom!

Desse ponto em diante, Baba atraiu minha atenção, e comecei a experimentar conexões com ele numa base bastante regular. Por exemplo, quando meu irmão mais velho, Joe, ficou criticamente doente e meu irmão mais jovem, Eddie, estava lidando com algumas circunstâncias verdadeiramente estressantes, minha mãe disse: "Você não pode fazer alguma coisa? Não pode escrever a Sai Baba?".

Respondi: "O que você acha que devo fazer, mamãe? Endereçar um envelope à Índia aos cuidados Sai Baba?". Eu não tinha ideia de onde ele vivia. Acordei na manhã seguinte para descobrir que o endereço dele tinha sido enviado para mim por fax por alguém da Austrália!

Depois do recipiente de *vibhuti* ter aparecido na Escócia, eu o levava comigo onde quer que fosse. Era precioso para mim. Era como ter meu próprio altar, uma linha direta de telefone com esse ser misterioso que sempre sabia onde eu estava. Não muito depois, eu fazia um workshop com Norm Shealy na fazenda de Norm. Cometi o erro de contar ao grupo de vinte e oito pessoas sobre o *vibhuti* e todos começaram a dizer: "Quero um pouco, quero um pouco". Foi demais para mim. Pensei: *Vão embora! Como ousam pedi-lo? Como ousam?* Mas então ocorreu-me que havia algo que precisava aprender daquilo. Então abri o tubo e disse às pessoas para tocá-lo um pouquinho. Um homem espetou seu dedo até o fundo do tubo e eu disse: "Você não entendeu o que acabei de dizer? Por que fez isto? Esta cinza é sagrada para mim. O que há com você para ser tão ganancioso?". Quer dizer, fui franca com ele. Mais tarde ele veio a mim e pediu desculpas. E, para completar, uma mulher do grupo apareceu e disse: "Minha tia está morrendo; ela é devota de Sai Baba. Posso levar um pouco para ela?". Pensei: *Você pode levar um pouco para ela? Já estou me mandando daqui!* Bem, a tia dela nunca tinha estado na Índia, então coloquei um pouco de *vibhuti* num lenço de papel para a mulher de forma descuidada. Mas estava furiosa. Furiosa por minha própria estupidez porque tinha acabado de partilhar algo tão precioso tão descuidadamente. Coloquei a tampa de volta no tubo e nunca mais saiu comigo. Está lá em cima no meu quarto e é onde vai ficar. Bem, cerca de seis semanas depois daquele workshop, recebi uma carta. Ainda não sei de quem ela veio. Não trazia carimbo de correio. Ela continha sete pacotinhos de *vibhuti* e uma nota que dizia: "Isto veio de Baba. Ele lhe agradece".

Então, no verão de 1999, fiz um exame de lúpus. Estava realmente apavorada porque é uma doença feia e eu tinha perdido minha melhor amiga que tinha essa doença. Disseram-me que teria de esperar pelo menos uma semana pelo resultado. No dia do exame, orei a Sai Baba. E embora ainda não soubesse realmente muito sobre ele, rezei: *Estou indo à Índia ver você. E se estiver indo porque estou doente, vou contar com você para me ajudar. E se for porque não estou, será por gratidão.* Logo no dia seguinte, recebi um telefonema de que o exame de sangue fora negativo.

Logo depois, voei para a Índia e passei cinco dias no *ashram* de Sai Baba. Cinco dias é nada; muitas pessoas ficam lá por cinco *meses*. Quando vi o *ashram* pela primeira vez, ele me repugnou porque não era como os belos mosteiros e conventos católicos com que estava acostumada. Era pequeno, de concreto e visualmente horrível. Havia milhares de pessoas espremidas do lado de fora. Estava intensamente quente e era muito desconfortável.

Você tem que esperar seis horas no sol quente para entrar e ver Baba por vinte minutos. Quando as pessoas são admitidas dentro do *mandir*, o grande templo aberto, elas praticamente matam umas às outras para conseguir o melhor assento na casa. E o cheiro! Sou fanática por higiene e foi muito difícil para mim. Havia um sentido de brutalidade e horror em tudo aquilo. Eu estava simplesmente chocada.

Bem, lá estava eu sentada naquela massa de humanidade, e alguém apareceu e disse que eu era chamada no escritório dos convidados. E fiquei pensando: *Como me descobriram no meio de milhares e milhares de pessoas e como sabiam mesmo que eu estava aqui?* Achei o caminho para o escritório e duas pessoas que eu nunca vi antes me deram um tipo de faixa e disseram que eu tinha sido premiada com status VIP porque Baba queria que eu me sentasse na frente. Como e por que isto aconteceu, não tenho ideia. Ninguém sabia que eu estava lá ou que eu fosse uma escritora americana – ninguém por ali se preocupa com quem você é.

Quando Baba veio para o *darshan*, que é sua dupla aparição diária no *mandir*, ele caminhou pelo térreo e as pessoas desesperadamente estendiam cartas pessoais em sua direção. De vez em quando, ele pegava uma, o que posso dizer que era algo realmente importante para as pessoas. Então, mas que droga, pensei que tinha que escrever uma carta também. No dia seguinte, ele caminhou passando por mim, deu a volta e ao voltar pediu minha carta. Depois do *darshan*, as pessoas vieram correndo e beijavam o chão em frente de onde Baba tinha estado quando pediu minha carta. Disseram-me que não era costume de Baba parar e pedir a carta de alguém. Quer dizer, foi realmente uma coisa importante para aquela gente. Não esperei ou recebi qualquer resposta da carta que dei a Baba. Foi mais como um ato de fé.

Então onde estou hoje? Não tenho respostas, mas a presença de Baba em minha vida tem se tornado uma constante. E descobri que ela é muito, muito confortadora.

12. Trent Tucker

Tucker, que ainda é um dos dez primeiros arremessadores de cestas de três pontos na história da NBA, jogou para o New York Knicks, San Antonio Spurs e o Chicago Bulls numa carreira de onze anos, ganhando um campeonato mundial com o Bulls em 1993. Graduado pela Universidade de Minnesota, Tucker é atualmente analista de radiodifusão de um programa esportivo numa estação de rádio de Minneapolis. Ativista comunitário há muito tempo, fundou a organização sem fins lucrativos Trent Tucker para ajudar os jovens a fazer escolhas positivas, elevar sua autoestima e desenvolver uma visão positiva do futuro. Para mais informações, visite www.trenttucker.org

Em 1983, meu segundo ano na NBA com o New York Knicks, eu fiquei sem jogar pelo período de um mês. Jogadores sempre querem jogar, então eu estava procurando uma oportunidade de entrar no jogo de qualquer maneira. Lembre-se, estamos falando de um garoto de vinte e três anos que achava que o basquete era tudo.

Dois veteranos do time, Louis Orr e Truck Robinson, foram muito legais comigo durante aquele período. Eles me ajudaram a compreender o que eu precisava fazer para manter a forma, pois quando recebesse o chamado, estaria pronto para ir. E esclareceram sobre o que eu precisava fazer para crescer, não só como jogador de basquete, mas também como pessoa.

Não sou o cara mais religioso do mundo, mas tenho muita fé e acredito em Deus. Sabe como algumas vezes as pessoas falam sobre um espírito que vem, as eleva e as impulsiona na direção certa? Bem, uma noite, um espírito entrou no Madison Square Garden e me deu uma oportunidade de jogar basquete outra vez.

Ray Williams, um dos caras que estava jogando na minha frente, caiu com uma lesão no tornozelo. Subitamente, senti uma coisa entrando no Garden. Olhei para cima e vi aquele espírito descendo pelo corredor no fundo oposto da quadra até o banco dos visitantes atrás da cesta. Parecia uma nuvem. Soube imediatamente que era uma força maior, uma força positiva, e que o que estava acontecendo era muito real. Pude senti-lo remover toda a tensão e apreensão pela qual estava passando e o senti dizer: *Estou aqui. Vou apoiar você. Você tem feito o que deve. É hora de sair e jogar. Sua hora chegou.*

A visão permaneceu por quatro ou cinco minutos. Lembro de que senti-me muito à vontade, muito calmo; era um sentimento agradável. Pena que Ray caiu, mas eu sabia que minhas preces estavam sendo respondidas. Seguramente, na segunda metade daquele jogo, passei de não jogador a jogador em tempo integral. Algumas semanas depois, quando Ray se recuperou, nosso treinador, Hubie Brown, disse: "Trent, tenho que manter o cara porque ele é um veterano e está aqui há mais tempo".
Respondi: "Ei, para mim tudo bem".
Eu estava tranquilo e grato por ter tido uma chance de ajudar a equipe naquele momento. Senti-me bem por ter contribuído. Voltei para o banco, mas desta vez era um jogador regular no banco – antes da lesão de Ray, não estava jogando de jeito nenhum. Então chegamos às finais e o treinador fez alguns ajustes. Ele decidiu me pôr com os titulares que iniciam o jogo, porque eu estava em melhor forma que outros que estavam começando – e achou que Ray estaria melhor no banco.

Porém, o mais importante é que ter tido esta experiência deu-me uma perspectiva completamente nova da vida. Tinha sido o sonho de toda a minha vida chegar à NBA e eu achava que sentar no banco e não jogar era o fim do mundo. O encontro com aquele espírito me permitiu compreender que havia coisas mais importantes com que me preocupar do que jogar basquete. Percebi que devia ser grato por ter tido o privilégio de jogar num nível NBA, e tinha muita sorte em ser um dos poucos caras que teve a chance de fazer isso na vida. Mas quando você é jovem e quer jogar, não vê essas coisas imediatamente.

Daquele ponto em diante, eu podia sempre ver algo maior e nada parecia me aborrecer. Tornei-me uma pessoa à vontade em qualquer circunstância. Podia reagir a situações e conversar com pessoas de modo diferente porque tinha saído de mim e as coisas não giravam ao redor de Trent Tucker afinal.

Tornei-me um pensador além de alguém que reage. Aprendi que, quando você sente que uma situação não está indo na direção certa, tem uma chance de lidar com ela de modo positivo se você sentar, pensar sobre o assunto e fazer um plano antes de reagir – porque se você reage antes de pensar, pode se colocar numa situação pior.

Hoje, como um homem de quarenta e sete anos, ainda posso ver aquele espírito tão claramente quanto vi naquele momento. E agradeço a Deus cada dia que eu tenha sido capaz de ver e sentir aquele espírito, porque isso modificou, ampliou meus horizontes e me tornou uma pessoa melhor.

13. Neale Donald Walsch

> *Walsch é um mensageiro espiritual dos dias modernos cujas palavras estão tocando o mundo. Ele escreveu vinte e três livros sobre espiritualidade e sua aplicação prática na vida diária, incluindo a série multimilionária de nove livros com Deus:* Conversando com Deus: Livros I-III, Amizade com Deus, Comunhão com Deus, Novas Revelações: Uma Conversa com Deus, Deus do Amanhã, *What God Wants, At Home with God in a Life that Never Ends. Seis destes livros figuraram na lista de best-sellers do The New York Times,* Conversando com Deus: Livro I *ocupou a lista por mais de 135 semanas. Walsch é o criador de quatro organizações sem fins lucrativos: The Group of 1000, Humanity's Team, the School of the New Spirituality, e the ReCreation Foundation. Para mais informações, visite www.nealedonaldwalsch.com*

    A maneira como *Conversando com Deus: Livro 1* veio a mim foi a mais profunda experiência de minha vida. Era uma horrível manhã de fevereiro de 1992. Tudo em minha vida tinha se rompido – meu relacionamento com minha cara-metade tinha ido por água abaixo, minha carreira tinha terminado e mesmo minha saúde estava se deteriorando rapidamente. Não conseguia entender o que estava acontecendo ou por quê. Tinha obedecido cuidadosamente todas as regras ensinadas por meus pais, professores, ministros e vários outros mentores na vida, mas simplesmente não tinha alcançado o que pensava ter alcançado. E então entrei em uma depressão profunda por vários meses.

    Acordei às 4h15 da manhã. Estava profundamente perturbado, muito frustrado e furioso com Deus. Fui para a parte maior da casa e comecei a andar de lá para cá, não sabendo o que fazer ou como lidar com as emoções que estava tendo.

    Apanhei um bloco amarelo que encontrei na mesa do café e comecei a escrever uma furiosa carta para Deus. A carta estava cheia de todas as questões típicas que eu fazia quando estava com muita raiva, tais como: *O que tenho que fazer para minha vida funcionar? O que fiz para merecer uma vida com esta luta contínua? Alguém me diga as regras, porque vou jogar somente se me disserem as regras!* Então escutei uma voz tão claramente como nunca escutei na vida. Era uma voz física, estava na sala. E ela disse: "Neale, você quer realmente respostas a todas estas perguntas ou está só desabafando?". Eu não podia acreditar. Olhei em volta para ver se alguém estava lá. Ninguém. Então eu disse a mim mesmo: *Bem, estou desabafando, mas se você tiver as respostas, estou absolutamente certo de que gostaria de saber quais são.* E, com isso, comecei a receber respostas a todas as perguntas que tinha feito.

Apanhei o bloco amarelo outra vez e passei a anotar o que estava escutando em minha cabeça. Enquanto escrevia, comecei a fazer outras perguntas em minha mente e, imediatamente, recebia outras respostas. E enquanto escrevia, recebia outras perguntas. Antes que percebesse, estava envolvido num diálogo com Deus. Não o teria chamado "Deus" naquela época, é claro. Eu não sabia o que estava acontecendo. Só sabia que estava fazendo as perguntas mais profundas de minha vida e obtendo respostas diretas imediatamente.

Foi um momento muito comovente. Eu chorava enquanto escrevia. Chorava ante a beleza e a maravilha daquilo e também ao sentimento que estava tendo, um sentimento de grande paz e serenidade interior. Isso se passou por duas horas e meia. Porém, a casa começou a acordar e eu parei, embora pudesse ter continuado para sempre. A mesma coisa aconteceu às 4h15 da manhã seguinte e outra vez a cada noite por duas e meia ou três semanas. Foi então que começou a diminuir gradualmente – em vez de a cada noite, começou a acontecer duas ou três vezes por semana, depois, uma vez por semana. Durante o ano seguinte, continuei a ter essas experiências. O resultado foi *Conversando com Deus: Livro I*, que se tornou um fenômeno editorial traduzido em trinta e sete línguas.

Aquele evento inicial mudou completamente minha vida. Afetou-me profundamente e devolveu minha maior noção sobre Deus: que Ele é completamente sem julgamento e está sempre disposto a comunicar-se conosco e a nos ajudar, se tão somente nos abrirmos a esta possibilidade e experiência.

Parte II

Vivendo a Vida

"Viajantes, é tarde. O sol da vida está se pondo.
Durante estes breves dias em que vocês têm força,
sejam rápidos e não poupem o esforço de suas asas."

Rumi

Nunca sabemos o que o amanhã pode trazer. A qualquer momento, as fundações de nossa vida podem mudar debaixo dos nossos pés. Uma doença é diagnosticada. Um estranho aparece com necessidade. Uma nova alma entra no mundo e uma velha parte. Esses eventos e como lidamos com eles modificam nossa vida e, mais importante, nos modificam no processo.

Fixados no propósito de controlar as circunstâncias à nossa volta, somos repetidamente humilhados pelas oscilações da vida. Essa humilhação pode ocupar o espectro da experiência humana do começo ao fim. Com o coração pesado, podemos descobrir que estamos nos rendendo a uma força maior. Ou estar de joelhos, silenciosamente, expressando gratidão pelas dádivas imponentes que gloriosamente revelam a profunda beleza da vida.

"Vivendo a Vida" está dividida em duas partes. "Momentos Dolorosos" inclui histórias de amor, coragem e compaixão na trilha de uma perda intolerável. As histórias transcendentes em "Momentos Sagrados", cheias de esperança e triunfo, falam da força do espírito humano e da alegria da experiência humana.

Momentos Dolorosos

14. James Autry e Sally Pederson

Autry teve uma carreira notável na corporação Meredith, na qual foi vice-presidente e presidente do seu grupo de revistas. Tem estado ativo em muitas organizações cívicas e beneficentes, incluindo um cargo de presidente do conselho da Fundação Epilepsia da América, e trabalhado com grupos de direitos dos deficientes por vinte e cinco anos. Autry é autor de dez livros, incluindo: The Book of Hard Choices, The Spirit of Retirement, e Life and Work: A Manager's Search for Meaning. Fundador do Festival Nacional de Poesia de Des Moines, Autry publicou dois livros de poesia e foi apresentado na série especial de Bill Moyers na PBS The Power of Words. Para mais informações, visite members.aol.com/jamesautry.

Pederson é ex-executiva da corporação Meredith, na qual foi editora sênior de culinária da revista Better Homes and Gardens. Foi eleita vice-governadora de Iowa em 1998 e reeleita para um segundo mandato de quatro anos em 2002. Advogada decidida de pessoas com deficiência, liderou numerosas iniciativas de cuidados de saúde e serviços humanos enquanto estava no poder. Pederson atualmente serve como gestora do Seminário União Teológica na cidade de Nova York e é presidente do Comitê de Aconselhamento da Reach (Concretizando Educação e Esperanças de Carreira) na Universidade de Iowa.

As citações de Autry estão em tipo regular. As de Pederson estão em itálico.

Sally e eu nos casamos em 1982. Três anos depois, quando nosso filho Ronald tinha dois anos, soubemos que algo estava terrivelmente errado. Seu subsequente diagnóstico de autismo e minha reação a ele mudou tudo em minha vida. Não somente acelerou meu processo de consciência e percepção, como mudou profundamente minhas prioridades.

Eu era um executivo sênior altamente bem pago na Meredith Corp e tinha mesmo intenção de tornar-me CEO[4] algum dia. Em vez disso, enquanto observava a luta de Ronald para descobrir seu lugar no mundo,

---

[4] CEO. *Chief Executive Officer*. Diretor-executivo ou diretor-geral em português.

percebi que não podia mais fazer isso. Não podia continuar viajando vinte e duas semanas por ano. Sally e eu nos sentamos e concordamos que, tão logo tivéssemos economizado o suficiente para nos manter financeiramente, eu me aposentaria precocemente.

Depois que Ron nasceu, planejei voltar a trabalhar na Meredith como editora de culinária, mas manter minha carreira criando receitas não tinha mais significado para mim. Tinha algo mais importante a fazer. Queria fazer diferença para pessoas deficientes.

Entramos em acordo com a realidade imediata do autismo de Ron, simplesmente fazendo o que tínhamos de fazer – a educação, a terapia da fala. Tentei me comunicar com Ron de maneira não tradicional, como colocando minha cabeça contra a dele à noite enquanto ele dormia e tentando visualizar resultados positivos. Quando você faz essas coisas, descobre coisas gradativamente. Você começa a lidar com a coisa pouco a pouco. Não é uma experiência tipo Aha! E você não diz: "Jesus Cristo, agora superei o pesar". O que diz é: "Existe tanta alegria nesta vida que supera a tristeza".

Jim e eu percebemos nossa tristeza pelo filho que ele nunca seria, mas existe também esta incrível alegria pela criança que você tem. Ron tem sido uma dádiva de muitas maneiras. Ele também me permitiu fazer algo mais significativo com minha vida do que eu pudesse ter imaginado.

Minha sensibilidade ao mundo, minha abordagem do trabalho, minha escrita criativa, meu relacionamento com minha esposa – quase tudo mudou. Ter um filho com deficiência cria grande tumulto e conflito para algumas pessoas, mas isso nos aproximou ainda mais. Sabíamos que não tínhamos questões pessoais que fossem, nem de perto, tão importantes quanto a necessidade de trabalhar duro para que Ronald pudesse encontrar seu lugar no mundo e ter, tanto quanto possível, uma vida compensadora e produtiva.

Num nível muito pessoal, o autismo de Ron me fez realmente apreciar meu marido. Ele fora uma figura muito bem-sucedida e proeminente, mas estava disposto a pôr de lado suas necessidades e me apoiar muito, e isso mudou nosso relacionamento. Foi muito saudável para nós. Fez nosso amor se aprofundar e aumentou nossa apreciação um pelo outro.

Quando eu tinha cinquenta e oito anos e Ron tinha oito, deixei a Meredith para passar mais tempo apoiando Sally e cuidar de nosso filho. Dou crédito a Ronald por ter me capacitado a deixar as ambições corporativas e me levar a um lugar mais centrado e espiritual. Percebi que não tinha sido um pai maravilhoso para os dois filhos mais velhos do meu primeiro casamento. Tinha trabalhado o tempo todo e era obcecado por minha carreira – esta é uma velha história e um clichê.

O autismo de Ronald deu-me a oportunidade de ser um pai melhor. Quando Sally foi eleita para o cargo de vice-governadora, percebi que isso era uma grande dádiva para mim – a dádiva de assumir todo o cuidado da criança, embalar almoços, ir a excursões, cozinhar, fazer compras e pagar as contas. Tornou-se um objetivo espiritual para mim – descobrir o espiritual nas coisas do dia a dia.

Nós trocamos de lugar. Eu costumava ser aquela esperando Jim chegar em casa do trabalho importante que ele estava fazendo – e algumas vezes me ressentia disso. Subitamente, ele estava em casa esperando por mim. Pode ser muito exigente e frustrante cuidar de uma criança com necessidades especiais. Algumas vezes eu não estaria em casa para o jantar e não podia nem ligar para avisar Jim. Se você é a pessoa do outro lado, isso pode fazer você sentir que o outro não está se preocupando com você. O simples fato de meu marido assumir esse papel de apoio, fazendo-o de maneira tão amorosa e carinhosa nunca mostrando qualquer sinal de estar ressentido, foi uma experiência de crescimento para mim. Chegamos à conclusão de que todo o casamento pode se beneficiar desse tipo de mudança de papéis, porque a experiência ajuda você apreciar o que seu parceiro esteve vivendo.

Eu já era sensível às questões da deficiência e tinha publicado um livro de poesia antes de Ronald nascer. Finalmente, a situação de Ronald começou a encontrar expressão em minha vida através da minha poesia (veja "Aprendendo a Orar" no final desta história). Eu também tinha escrito um bom número de ensaios sobre minhas experiências como pai de uma criança com deficiência. É um pouco irritante quando as pessoas dizem: "Oh, você tem uma criança especial". Este é um eufemismo para dizer "uma criança com deficiência". Embora estejam tentando ser agradáveis, "especial" é um termo condescendente e cheira a piedade. Você percebe que a deficiência não define você.

Em meu novo livro, tenho um ensaio chamado: "Tempo de Dar Descanso Àquelas Histórias de Milagres". Comecei-o dizendo: "Como cristão e pai de uma criança com deficiência, quero dizer que Jesus não nos fez grandes favores curando todas aquelas pessoas. Porque, com efeito, Ele estava dizendo: 'Bem, vocês não são perfeitos da maneira que são, vocês precisam ser consertados.' Prefiro Mr. Roger[5], que disse: 'Amo vocês exatamente como são'." A questão é, temos um grande

---

[5] *Mr. Roger: Fred McFeely Rogers, educador americano, ministro, compositor e apresentador de TV. Rogers foi apresentador do show Mister Rogers' Neighborhood, produzido de 1968 a 2001. Foi também ministro presbiteriano ordenado. Preocupava-se em ensinar as crianças a amarem a si mesmas e aos outros. (N.T.)*

preconceito cultural de que pessoas com deficiências são, de algum modo, menos pessoas e não tão humanas quanto as que têm todas as suas faculdades.

Na corrida governamental de 1998 em Iowa, depois que Tom Vilsack ganhou uma eleição primária muito apertada na terça-feira, ele ligou no dia seguinte e marcou um encontro para conversar com Jim e comigo. Como eu tinha sido ativa em sua campanha nas eleições primárias, ele queria nossa opinião sobre quem deveria procurar para seu vice-governador. Estávamos ambos ao telefone e oferecemos algumas sugestões sobre pessoas específicas que ele deveria considerar e também que características o companheiro ideal da chapa possuiria. Num determinado momento, ele disse: "Você está sentada? Gostaria de perguntar se consideraria figurar na minha pequena lista de colegas de chapa". Surgiu do nada. Eu ri e disse que não era um animal político. Achei que era uma noção muito estranha, mas Jim me passou um bilhete que dizia: "Sally, você deve pensar a respeito". Então conversamos um pouco mais com Tom. Lembro-me de pensar que sua lista curta provavelmente teria uns cem nomes e que isso era simplesmente bajulação, porque ele nunca iria me escolher. No dia seguinte, Tom perguntou se eu podia enviar-lhe um currículo e responder a algumas perguntas. Ele precisava escolher seu companheiro de chapa até sábado, quando a convenção democrática aconteceria. Neste momento eu estava começando a pensar, bem, se eu pudesse ser sua companheira de chapa, então poderia dar voz às coisas que muito apaixonadamente me preocupam sobre educação, educação especial e serviços para pessoas com deficiência. Então tentei me convencer de que existiam boas razões do por quê eu deveria ser vice-governadora.

As habilidades motoras de Ronald eram, e ainda são, muito deficientes. Ele não conseguia caminhar sem cair e bater a cabeça na calçada. Eu queria protegê-lo, segurá-lo e impedi-lo de cair. Minha esposa era a corajosa. Ela dizia: "Não, devemos deixá-lo cair". Estávamos constantemente treinando-o, ensinando-o e condicionando seus músculos. Passávamos horas com ele sentado numa bola medicinal, rolando para a frente para trás no assoalho, puxando seus braços para cima e encorajando-o, até que, finalmente, um dia ele levantou os braços e se segurou sozinho.

Sexta feira, 9 horas da noite, Jim e eu estávamos tomando um café após jantar com amigos num restaurante. O garçom veio e disse que havia uma ligação para mim. Tudo claro, confidencial. Era Tom, pedindo que eu fosse ao "quartel-general" de sua campanha para que pudesse me entrevistar. Eu me desculpei, fui para o escritório dele e fiquei lá até meia-noite. Tivemos uma ótima conversa sobre nossos muitos interesses, preocupações e valores em comum. No final da noite, ele perguntou: "Você seria minha companheira de chapa?".

Eu disse: "Se você acha que sou a melhor pessoa, então sim. Aceito".
Quando voltei para casa, Jim estava dormindo. Arrastei-me para cama e disse: "Bem, você está dormindo com a futura vice-governadora de Iowa". Depois que contei a Jim o que tinha acontecido, continuei deitada e acordada a noite inteira pensando: Oh meu Deus, o que foi que eu fiz? Estava realmente apreensiva sobre no que estava me metendo e se estava à altura do cargo. Foi um grande salto de fé.

Os sentimentos de perda e pesar por ter uma criança deficiente ainda persistem. Há poucos meses, Sally e eu choramos muito juntos. Simplesmente ficou claro para nós que ainda havia uma longa e dura estrada para Ronald. Ele tem vinte e três anos agora, tem seu próprio apartamento, anda de ônibus todos os dias até a clínica legal da Escola de Direito da Universidade Drake, onde escaneia documentos para a corte num computador e os manipula num banco de dados para as pesquisas dos estudantes. Está indo tão bem quanto se esperaria que fosse, mas é ainda muito juvenil em seu comportamento. Existe um pesar residual que está sempre lá, mas não é depressivo. Nós nos divertimos muito com Ronald; realmente apreciamos seus talentos e dons. Mesmo assim, pode ser muito desgastante. Temos altos e baixos, mas não muito frequentemente.

Durante nossos oito anos no poder, concentrei-me em iniciativas e áreas que a maioria dos políticos de carreira não estaria interessada, porque não eram tipos de questões que os interessavam. Mas eu não tinha qualquer outra ambição política, então tive o luxo de fazer o que queria com o trabalho. Por sorte, quando se está num cargo como esse, você confere importância a qualquer questão a que dê atenção. Nós redesenhamos a maneira como se prestavam serviços às pessoas com deficiência. Aprovamos um projeto de lei exigindo que todas as companhias de seguro oferecessem o mesmo tipo de cuidado à doença mental que ofereciam às doenças físicas. No final de nosso segundo mandato, quando estávamos deixando o cargo, convidamos pessoas de todo o estado que trabalhavam na área da deficiência para virem à capital serem homenageadas e agradecidas. Uma coisa pequena, mas não posso contar quantas pessoas adiantaram-se para receber seu certificado e disseram: "Ninguém jamais tinha dito 'obrigado' antes". Frequentemente, as pessoas homenageadas em nossa cultura são as que já têm status, fama ou dinheiro. Pessoas que fazem um trabalho extremamente nobre por salários baixos e sem muita aclamação pública também precisam ser homenageadas, e eu tinha dado oportunidade a isso.

O que você percebe é que a deficiência da pessoa não diz quem ele ou ela é como ser humano. É somente uma condição. Lembro-me de ter uma discussão com um vice-presidente de recursos humanos que tinha uma perda de audição no ouvido esquerdo. Eu estava defendendo a contratação de pessoas com deficiências e ele estava argumentando que poderíamos perder produtividade. Então deliberadamente comecei a falar dentro do seu ouvido esquerdo. Ele continuava se virando e eu me movendo. Finalmente ele disse: "O que você está fazendo?" Respondi: "Você é uma pessoa muito produtiva, certo? Bem, eu estava só tentando mostrar-lhe que você não é tão produtivo quando estou falando dentro do seu ouvido esquerdo. Sua deficiência tem que ser acomodada. Se uma pessoa usa uma cadeira de rodas, por que não podemos simplesmente erguer a escrivaninha três polegadas para que ela possa trabalhar?".

Ter um filho com deficiência muda você. Muda a maneira como vê o mundo e também suas prioridades. Enquanto a vida de Ronald progredia, eu via onde estavam as lacunas. Não somente via uma lacuna para meu filho, mas também para outras crianças. Compreendi que não era suficiente assegurar que meu filho conseguisse o que precisava; eu tinha a responsabilidade de tornar o sistema melhor para que cada criança tivesse a oportunidade de obter o máximo da educação e da vida. Ronald teve um impacto sobre muitas vidas. Sua personalidade alegre, exuberante e confiante tem tido grande impacto sobre as pessoas e aberto muitos corações. Mas ele também teve um impacto sobre pessoas que nunca encontrou pela maneira como abriu meu coração e me fez ver que eu podia dar significado à sua deficiência para ajudar os outros.

Aprendendo a Rezar

Ronald tem escutado pessoas rezarem,
os ministros na igreja,
seu avô nas reuniões de família,
eu à mesa do jantar,
e ele sabe que deve haver algo importante,
naquelas palavras e frases,
mas não compreende direito,
as orações;
é claro que ele não compreende direito muitas coisas.
"Obrigado Senhor", ele diz,
"obrigado por meu ventilador de teto
e minha máquina de cortar grama e meu gato...".

Uma vez, sem nenhuma razão que eu pudesse discernir,
ele parou de cortar a grama,
deixou morrer o motor do aparelho,
ergueu as mãos para o rosto e disse:
"Você é um Deus agradecido por me dar este cortador".
E em seu Pai Nosso ele diz:
"Santificado seja o meu nome".

Eu costumava pensar que deveria ensiná-lo a rezar
da maneira que todo mundo reza
mas ultimamente não sei,
ultimamente me descubro perguntando:
"Como sei que Deus não é
também agradecido?"
Ultimamente, penso menos na majestade de Deus
e mais sobre a luta de Ronald
para fazer sentido do seu lugar neste mundo,
não importa o próximo mundo.

Ultimamente, escuto a mim mesmo rezando:
"Deus agradecido seguramente escondido no paraíso,
Somos gratos que Ronald
(santificado seja o nome dele)

tenha vindo viver entre nós
para que pudéssemos aprender
como enfrentar nossas deficiências,
como descobrir alegria em ventiladores de teto e
máquinas de cortar grama,
e como rezar.
Amém".

Jim Autry

15. Echo Bodine

Bodine, psíquica, curadora espiritual, exorcista e autora, oferece desenvolvimento psíquico e aulas de cura em seu centro de ensino e cura em Minneapolis. Suas habilidades incluem clarividência (o dom de ver), clariaudiência (o dom de escutar) e psicometria (o dom de sentir). Entre seus oito livros incluem A Still Small Voice: Psychic Guide to Awakening Intuition, The Key: Opening your Psychic Abilities, e Ecos da Alma: *The Journey of the Soul Beyond the Light. Para mais informações, visite www.echobodine.com.*

No segundo ano de faculdade, descobri que estava grávida. Quando meu namorado e eu conversamos sobre casar, minha voz interior muito claramente disse: *Não*! Mas fingi não escutar e continuei tentando tornar essa situação realmente difícil mais viável para mim, meu namorado e nossas famílias. Nosso conselheiro pré-conjugal disse que, embora fôssemos jovens, poderíamos provavelmente fazer o casamento dar certo. Mas o tempo todo minha intuição continuava dizendo: *Não, não, não, não é por aí*. E, lá no fundo, eu sabia que tinha que escutá-la.

Então, embora até quisesse me casar e criar meu bebê, disse não ao meu namorado. Foi muito difícil explicar a todo mundo que eu estava dizendo não porque isso era o que parecia certo para mim. Fez sentido para minha mãe, que me ensinou a viver pela minha intuição, mas não para o meu namorado ou qualquer outra pessoa.

Em 1968, era muito vergonhoso ter dezenove anos e ser mãe solteira, então fui para a Califórnia e disse a todo mundo que tinha me transferido para uma faculdade diferente. Durante a gravidez, sempre que me rebelava e pensava: *Vou criar este bebê,* minha intuição continuava dizendo: *Não, você não vai.* E eu escutava a palavra adoção todas as vezes. Embora tivesse feito arranjos com uma agência de adoção, no fundo da minha mente continuava pensando que quando isso se arrumasse, iria querer levar meu bebê para casa comigo. Algumas vezes, desesperada, pensava: *Talvez no dia em que meu filho nascer, minha intuição me dirá, certo, agora você pode ficar com ele.*

Meu filho nasceu num dia sombrio em São Francisco. Nunca tive um dia tão difícil em minha vida. Fiquei deitada na cama do hospital chorando e argumentando com minha intuição. *Posso por favor, por favor, levar meu bebê para casa?* Mas ela muito claramente dizia: *Não. Adoção.* Meu namorado ainda estava sugerindo que nos casássemos e criássemos nosso bebê, e eu tinha um forte desejo e uma forte vontade de fazer isso também. Meus pais tinham dito que me apoiariam se eu criasse o bebê, e os amigos da família, com quem eu estava vivendo em São Francisco, chegaram a vir ao meu quarto no hospital e pedir para deixá-los criar meu filho.

Mesmo assim, a despeito do que todo mundo estava dizendo, minha voz interior disse para confiar em sua orientação e que tudo daria certo um dia. Sabia que tinha de confiar em minha intuição, mas foi a coisa mais difícil que já tive de fazer. Chorei: "Por favor, Deus, você tem que me dizer; tem que me dizer se vai ficar tudo bem se eu o entregar para adoção", e tudo o que escutei foi: *Vai ficar tudo bem.*

Sabia que não podia ficar com ele. Sabia que se o fizesse, minha vontade seria anulada. A última vez que me levaram numa cadeira de rodas ao berçário para vê-lo, a atendente inocentemente disse: "Oh, você já tirou fotos do seu bebê?". Lembro-me de pensar: *Oh, meu Deus, alguém, por favor, me tire daqui! Não posso suportar esse tipo de dor!*

Nos anos que seguiram, houve muitos, muitos momentos em que imaginei se deveria ter criado meu bebê em vez de escutar minha intuição, especialmente porque não tive mais filhos depois. E mesmo assim, minha voz interior sempre dizia: *Vai ficar tudo bem. Um dia vai ficar tudo bem.*

Hoje, sou grata e posso dizer que realmente ficou tudo bem e que nós dois, o pai dele e eu, não temos mais qualquer dúvida de que fiz a coisa certa. Em meu livro mais recente: *A Still Small Voice,* escrevi sobre descobrir meu filho vinte e cinco anos depois. Ele foi criado numa família maravilhosa, e nós agora temos um relacionamento maravilhoso.

Eu também ainda me dou muito bem com seu pai biológico. De fato, em setembro, nós dois fomos ao casamento de nosso filho. Nossa intuição não responde por que está nos dizendo o que fazer. Ela simplesmente nos dá uma direção, motivo pelo qual é tão difícil segui-la. Nós humanos queremos o caminho visível. Queremos vê-lo claramente, e então tomaremos nossa decisão. Mas não é assim que funciona. É realmente render-se a Deus e fazer o que viemos fazer, embora não saibamos, naquele momento, onde nosso caminho está nos levando.

Realmente relutei se deveria ou não partilhar esta história pessoal, mas então percebi que se alguém, ao ler isto, estiver enfrentando uma situação difícil e sua voz interior estiver o guiando a fazer algo que não lhe faz sentido, talvez minha história lhe fale ao coração e lhe diga: *Siga-a de qualquer maneira.*

16. Frank Deford

Deford é autor de quinze livros, incluindo: The Entitled, uma novela sobre um velho administrador de beisebol, um jovem superstar e o reino glamoroso do esporte moderno e An American Summer, uma novela que explora a amizade entre um menino e uma mulher jovem com pólio no verão de 54. Deford é amplamente respeitado como escritor esportivo consumado de sua era, mais notavelmente por seu trabalho premiado na Sports Illustrated. Ele também se apresenta regularmente na edição matutina da Rádio Pública Nacional e no RealSports da HBO. A luta de sua filha com a fibrose cística pungentemente documentada em seu livro: Alex: The Life of a Child, levou-o a servir como presidente nacional da Fundação de Fibrose Cística por quinze anos. Ele agora é presidente emérito daquela organização. Frank pode ser encontrado em frank6de@aol.com

Trecho de *Alex: The Life of a Child;*

Agora que eu estava lá, eles estavam prontos para fazer a incisão no peito e inserir o tubo. Da primeira vez que Alex teve um colapso pulmonar – um pneumotórax, como é chamado – ela usara grande dose de analgésicos e isso realmente a nocauteou; ela dormiu por horas e ficou grogue por muitas mais. Daí em *diante, embora tivesse muito medo da dor, parecia muito mais temerosa de não conseguir mais acordar, então minha filha disse aos médicos para lhe darem somente uma anestesia local.*

Não sabíamos disso naquele tempo, mas esta seria a última vez que Alex teria os tubos inseridos. Minha esposa Carol, eu e Alex, tínhamos medo de que isso continuasse acontecendo, mais e mais, a indignidade cruel final, mas o que não sabíamos era que, depois desta vez, o doutor Tom Dolan duvidava que seu corpo pudesse suportar o trauma de outra incisão. Faltava muito pouco para ela.

Então carreguei Alex para a sala de tratamento. Nesse ponto ela tinha se preparado muito bem, mas tão logo viu aquela mesa dura onde ia deitar e receber sua injeção, ficou tensa e virou uma garotinha outra vez. "Não, ainda não! Ainda não!" gritava e se agarrava a mim o mais forte que podia.

Lembro-me de perceber que as duas enfermeiras deram as costas para nós naquele momento, porque, por tudo o que podiam ver, dia após dia no hospital, havia tal intimidade no gesto de Alex que elas não podiam suportar intrometer-se entre nós. Fiquei segurando Alex e tentei confortá-la mais.

E, quando chegou a hora, quando ela tinha se recomposto, disse: "Tudo bem. Estou pronta agora". E estava.

Então comecei a deitá-la onde fariam a incisão. E, naquele momento, não pude suportar mais; uma lágrima caiu de todas aquelas represadas em meus olhos. E Alex a viu, viu meu rosto quando me inclinei para deitá-la. Suave, mas urgentemente, ela gritou: "Espere!". Todos pensamos que ela estava só adiando outra vez a operação, mas em vez disso, muito gentil, muito carinhosamente, ela ergueu-se e, com um toque de anjo, limpou a lágrima do meu rosto.

Jamais conheci suavidade assim outra vez em toda minha vida.

"Oh, meu papaizinho, eu sinto tanto", foi o que ela disse.

Uma enfermeira se virou, baixou a cabeça e começou a soluçar. A outra não conseguiu mais ficar na sala. Saiu correndo para se recompor. Passou algum tempo antes que pudéssemos continuar outra vez.

Este foi um dos mais poderosos momentos que partilhei com Alex. Ela estava com dor e sabia que ia ter ainda mais dor. E mesmo assim, estava mais preocupada comigo.

"Oh, meu papaizinho, não se preocupe comigo". Foi sobre-humano. Tendemos a usar essa palavra quando alguém fala de algo maravilhoso, mas ela pode também se relacionar a algo espiritual, além da capacidade humana normal. E, em minha mente, naquele momento, Alex estava, tanto quanto posso compreender, acima do humano.

Não era ingenuidade. Não era ignorância infantil. Ela tinha idade suficiente para saber o que estava acontecendo. Era simplesmente abnegação. Obviamente, acho que Alex foi alguém particularmente especial, mas tenho encontrado o suficiente de outras crianças com fibrose cística e outras doenças para saber que a grande maioria delas adquire certa maturidade, que são, de algum modo, imbuídas de um espírito que pode inspirar-nos. Provavelmente é porque estão mais cercadas de adultos e têm de lidar com uma situação adulta. Mesmo assim, podem escorregar para trás rapidamente e tornarem-se infantis outra vez se você as colocar numa situação infantil. É quase um tipo de vida bifurcada. Se colocasse Alex num ambiente pacífico com uma amiguinha e bonecas, ela seria tão infantil quanto qualquer outra.

Mas colocando-a sob pressão, aquelas qualidades, aquela sabedoria, aquela maturidade, apareciam. Aqueles que são mais frágeis, mais vulneráveis, podem algumas vezes exalar a maior força. Pode ser uma coisa dada por Deus de que precisam para sobreviver. É também um tipo de armadura que usam para ajudar as pessoas à sua volta, pois não existe nada pior que ver seu filho com dor e morrendo. Ela era muito jovem e estava muito esgotada, mesmo assim havia um poder nela, uma espiritualidade viva que eu experimentava quando estava com ela e era mais forte do que qualquer coisa que senti depois que partiu.

É importante notar que um número extraordinariamente alto de casamentos termina quando um filho adoece e morre. É porque tanto a mãe quanto o pai precisam da mesma coisa e não podem obtê-la um do outro. É realmente difícil e você não pode imaginar o que é até que tenha passado por isso. Acho que, instintivamente, Alex tentou nos ajudar a atravessar esses tempos difíceis.

Alex morreu em janeiro e naquele verão minha esposa sugeriu que adotássemos uma criança. Eu deveria acrescentar que, toda noite, quando Alex fazia suas preces, sempre terminava pedindo a Deus para ajudar as crianças pobres em outros países e trazê-las para os Estados Unidos. De onde isto vinha, eu não sei.

Outro trecho:

Eu sabia que meu coração estava indiferente à ideia, e enquanto estivesse, seria errado tentar implementá-la. Tentei imaginar por que estava tão relutante em considerar a adoção e finalmente um dia, quando estava junto ao túmulo discutindo isto com Alex, compreendi: não achava que fosse justo com Alex. Ela era minha filha, minha criança. Tinha sido aquela que nascera e crescera em nossa casa, em nossa família. Já era ruim o suficiente que tivesse ficado doente e morresse; agora devíamos levar outra pessoa para dentro de casa, uma estranha, para tomar o seu lugar? Para mim, seria a iniquidade, a injustiça final. Simplesmente não podia trazer outra criança para substituir Alex, e, finalmente, eu disse isso a Carol diretamente. E este era o fim da história. Eu sentia muito, mas não podia.

Carol não disse nada. Continuei. De algum modo, o pior de tudo, eu disse, era a maneira como Alex amava os bebezinhos, e ela adoraria uma bebezinha mais que tudo. Então não só seria substituída por uma — o que já era mau o suficiente — mas seria também aquela que não poderia desfrutá-la. Isso tornava a coisa ainda mais cruel.

Carol simplesmente escutava. Era uma noite de verão adorável e estávamos sentados lá fora no pátio, tomando uma bebida. (Nosso filho) Chris estava fora em algum lugar na vizinhança, jogando bola. Esta era a maneira que sempre tinha sido. Ele sairia, mas Alex viria para fora toda arrumada com suas bijuterias de verão, tiradas de sua coleção de quase cinquenta quilos delas, e tomaria uma Coca-Cola conosco. Algumas vezes ela vestiria seus pijamas chineses e agiria particularmente como uma menina crescida. Seria justamente logo depois daquela noite de terapia, e provavelmente ela não teria tosse a menos que alguma coisa a fizesse rir muito.

"Sinto muito", eu disse a Carol. "Você compreende? Não posso fazer isso com Alex".

"Você sabe, se tivéssemos um bebê, se...", Carol disse.

"Carol, você escutou o que eu disse."

"Só ouça. Se tivéssemos um bebê, você sabe que nunca poderíamos consegui-lo nos Estados Unidos, que ele teria que vir de algum país distante".

"Sei disso", respondi. "Muitos vêm da América do Sul agora."

"Países muito pobres" Carol disse, e eu concordei. Então, subitamente, ela se inclinou e segurou minhas mãos entre as dela. *"Você se lembra da prece de Alex, do que ela dizia toda noite?"*
"Claro que sim."
"Você se lembra da parte que ela fazia sozinha, em que sempre dizia: 'E Deus, por favor, tome conta do nosso país, e traga algumas das pessoas pobres para cá, e faça os outros países tão ricos quanto o nosso'." Havia lágrimas em meus olhos mesmo antes que Carol tivesse terminado. Um bebê seria uma resposta à prece de Alex como ele será nosso novo filho.

Realmente, adotamos uma menininha das Filipinas. Scarlet tem agora vinte e cinco anos e trabalha como artista gráfica para uma grande revista em Nova York. São quase místicas e mágicas todas as coisas que nos permitiram adotá-la. Houve tantos obstáculos, nenhum dos quais poderíamos ter superado. Foi quase como se Alex estivesse puxando os cordões lá do céu. Odeio ser piegas, mas você deve pensar assim quando tantas coisas tinham que se encaixar no lugar. A coisa mais dramática que aconteceu foi que a primeira família para a qual a criança foi oferecida não a quis porque era uma menina e queriam um menino. Não terminou aí. Houve tantos outros obstáculos que deviam impedir a adoção, que você deve pensar que havia uma orientação divina e Alex teve algum papel nela, não somente para ajudar esta menininha, mas à sua família a permanecer unida. Você poderia dizer que foi uma experiência espiritual, mas gosto de pensar que foi algo além.

Mais uma coisa. Alex sempre me chamou "Meu papaizinho". Era muito apropriado porque os papéis com frequência ficavam trocados. Era quase aquele sabor dela ser a mãe e eu o filho. É curioso, mas também tenho uma condição genética pulmonar. Não é fibrose cística, mas posso ter finalmente que lidar com alguns dos mesmos desafios com que ela tão magnificamente lidou. Só sei que quando chegar minha hora, ficarei muito envergonhado de mim, a menos que possa ser tão corajoso quanto ela foi.

17. Jim MacLaren

MacLaren, palestrante e autor motivacional, sobreviveu a dois terríveis acidentes que teriam destruído um homem mais fraco. Aos vinte e dois anos, ele era atleta do Yale All American e ator aspirante quando sua motocicleta foi jogada fora da pista por um ônibus da cidade de Nova York. Morto ao chegar, acordou após oito dias de coma para descobrir sua perna esquerda amputada abaixo do joelho. Inspirado por um livro sobre triatlo, tornou-se o mais rápido atleta de resistência de uma perna do planeta, rotineiramente terminando na frente de atletas mais saudáveis. Oito anos depois, um caminhão o atropelou durante uma corrida, tornando-o tetraplégico. Desde então, McLaren criou a Fundação Escolher a Vida, conquistou dois mestrados e está trabalhando em seu Ph.D. em mitologia e psicologia profunda. Para mais informações, visite www.jimmaclaren.com

Eu estava tomando uma xícara de café na manhã de um sábado, em 5 de junho de 1993, o dia anterior a um importante triatlo em Mission Viejo, Califórnia. Estava sentado na varanda da minha namorada em Boulder, Colorado, refletindo sobre um livro muito emocionante que estava lendo: *A Doutrina Secreta* de H. P. Blavatsky. Embora estivesse sobre uma varanda coberta de árvores, podia escutar as famílias caminhando para o café da manhã com seus filhos rua abaixo. Era um belo e imaculado dia de verão. Eu estava olhando para as árvores e para uma grande rocha à distância e olhando em retrospecto sobre os oito anos desde que perdera minha perna. Lembro-me de pensar: *Uau, eu realmente me reinventei. Sou um triatleta profissional. A ESPN*[6] *estará me seguindo na corrida amanhã, e estou viajando pelo mundo, correndo e dando palestras motivacionais.* E aquilo me atingiu. Pensei: *Uau, estou de volta. Estou de volta à vida.*

Do nada, comecei a chorar. Minha namorada e meu treinador surgiram na varanda com uma xícara de café, me viram chorando e perguntaram: "Qual é o problema?".

---

[6] *Sigla para* Entertainment and Sports Programming Network *(Rede de Programação de Esportes e Entretenimento), é uma rede de TV por assinatura dos Estados Unidos dedicada à transmissão e produção de programas esportivos 24 horas por dia. (N.T.)*

Sorri através das lágrimas e disse: "Nenhum problema. Estou chorando porque estou feliz. Alguma coisa maravilhosa está para acontecer comigo. Eu simplesmente sinto isso."

Passaram-se dezoito horas. Acordei cedo, voltei à corrida e outra vez estava me sentindo maravilhoso porque estava sendo anunciado junto aos melhores profissionais. A corrida começa. Termino de nadar uma milha e pulo sobre minha bicicleta. Duas milhas na bicicleta num circuito fechado, abro meus guidões aerodinâmicos, simplesmente voando. Imagino as pessoas observando e aplaudindo até que percebo que estão gritando. Olho à minha esquerda e, vindo direto em cima de mim, o parachoque de um caminhão preto. Descobri mais tarde que um guarda de trânsito julgara mal minha velocidade se aproximando da interseção e mandara o caminhão cruzar a rua.

A vida nestes momentos realmente entra em câmera lenta. Lembro-me de pensar: *Certo, se eu pedalar um pouquinho mais rápido, posso passar esse cara na interseção.*

As últimas coisas das quais me lembro foram escutar as pessoas gritando e o motorista pisando no acelerador em vez do freio. Ele bateu na minha roda traseira. Fui atirado da bicicleta, voei de cabeça sobre um sinal de tráfego e quebrei o pescoço.

Nada disso eu me lembro. Acordei na ambulância, ainda em ritmo de corrida, sentindo a adrenalina. Estava no mesmo estado mental de oito anos atrás. Quando acordei após ser atingido por aquele ônibus e vi que minha perna esquerda estava faltando, pensei: *Oh, certo, ótimo, sua perna esquerda se foi.* E voltei a dormir. Quando acordei no dia seguinte, foi quando meu ego e meu cérebro começaram despertar.

Quando entrei na ambulância, soube logo que minha perna não se mexia. Mas me lembro de pensar: *Oh, talvez eu esteja só paraplégico. Talvez eu seja capaz de vencer Jim Knaub* (que detinha todos os recordes de maratona em cadeira de rodas) *numa corrida em cadeiras de rodas.* Então tudo escureceu de novo.

A próxima coisa da qual me lembro é de que estava no hospital, do lado de fora do raioX. Um médico estava segurando minha mão. Ele disse diretamente: "Olha, você tem uma lesão cervical na C5-C6, o que significa que quebrou o pescoço na altura de seus ouvidos, e não vai se mexer ou sentir nada do peito para baixo pelo resto da vida". Naquele momento, uma parte de mim sentiu que se ele nunca soltasse minha mão, eu ficaria bem. Mas é claro que ele tinha de soltar, porque estavam me levando para dentro do raioX . Este foi o início de múltiplas cirurgias e meses de UTI. Basicamente, o inferno tinha começado. Era o inferno. Quando um cara de Yale veio me ver, olhei para ele e disse: "Não sei se posso fazer isso outra vez". Porque eu não sabia.

Quando olho para trás – são quatorze anos agora – não houve muitos dias em que me sentisse fisicamente ótimo. Muitas coisas eu perdi – minha namorada, muito da minha independência, o uso do ombro esquerdo devido a uma cirurgia errada no manguito rotator. Mas esta é a vida. Eu tinha uma escolha: poderia perder a mim mesmo para o meu corpo ou aprender a viver além dele. Descobri minha força por dizer e acreditar que não sou o meu corpo. Sou um homem. E estou vivo, tão vivo quanto qualquer um que esteja metendo a bola numa cesta de basquete, marcando um gol ou abraçando seus filhos.

Embora ambos os acidentes fossem devastadores no momento, vejo-os agora como dádivas e não tragédias. Com certeza, poderia ter sido mais fácil dizer isso há dezoito meses atrás porque o último ano e meio foi literalmente miserável. Durante as idas e vindas ao hospital, apanhei mononucleose, síndrome da fadiga crônica e uma bactéria resistente a antibióticos, o que é uma experiência intensa mesmo. Então passo a maioria dos dias acordando, indo ao banheiro e voltando para a cama. Contudo, mesmo através desses tempos difíceis, a mágica acontece.

Embora eu agora seja considerado um "quadriplégico incompleto" porque tenho toda a sensação e movimento em vários graus, ainda tenho dor crônica 24/7. As manhãs são piores – acordo e me sinto como cimento molhado dentro da parede. Se fosse pensar: *Certo, o resto dos meus dias vão ser exatamente como agora, nunca levantaria da cama.* Mas não é o que faço. Começo a movimentar minha perna um pouquinho e minha cama se transforma numa esteira de exercícios. Quando estou sentado em minha cadeira na varanda, sinto-me cem vezes melhor do que me sentia ao acordar.

Tenho aprendido a me comprometer com a vida em qualquer nível, seja exercitar esse sentar na cama ou ligar para os amigos durante as três a quatro horas que levo para ficar pronto pela manhã. Fiz disso tudo um ritual. Comprometer-me com a vida, sentir esta força vital através de mim, me ajuda a recapturar o tipo de sentimento que tive em Boulder naquele dia antes da grande corrida, ou seja, que algo maravilhoso estava para me acontecer. Bem, algo maravilhoso aconteceu.

Talvez não da maneira como o dicionário o define, mas, sim, alguma coisa deveras maravilhosa aconteceu.

Com certeza, existem dias mais difíceis que outros. Eu estava num show da rádio NPR com meu amigo Bob Kerrey, ex-senador por Nebraska, que perdeu uma perna. O apresentador perguntou a Bob se ele considerava a perda de sua perna uma dádiva e Bob disse: "Sim, acredito que seja uma dádiva, mas em algumas manhãs é uma dádiva que eu gostaria de acordar sem". Sinto-me da mesma maneira. Algumas vezes não gosto do modo como minha vida passou, mas isso não significa que eu não seja apaixonado por ela.

Então, embora os últimos dezoito meses tenham sido o inferno, posso ainda dizer, tão objetivamente quanto possível, que não trocaria o que aconteceu comigo. É que admitir minha própria dependência e vulnerabilidade me fez realmente mais poderoso. Por quê? Ficou claro para mim que reconhecer suas feridas e vulnerabilidades, tornar-se mais consciente e versado em si mesmo realmente faz de você uma pessoa mais forte. Aprendi como ir às pessoas que realmente me amam e dizer: "Estou ferido, sou humano e preciso de ajuda". Se posso olhar verdadeiramente para minha vida e aceitar tudo que aconteceu, então posso acreditar que sempre vou estar bem. O que acredito obviamente funciona, e está em minha alma, porque de outra forma, teria tentado saltar da varanda de um prédio.

As pessoas frequentemente dizem coisas como: "Você tem uma vontade forte" ou "Você tem uma atitude maravilhosa", mas nunca pensei: *Menino, se você fosse da maneira que costumava ser, não atravessaria toda esta merda.* Tem sido sempre: *Certo, aqui está um novo desafio; deixe-me imaginar, deixe-me enfrentá-lo.* Para mim, a jornada tem sido sempre ir mais fundo e me tornar mais humano. E quer saber? Só de vez em quando concordar com o fato de que é duro. É duro mesmo e não é justo. E quando digo isso estou dizendo a todo mundo. De alguma forma, somos levados a acreditar que a vida é justa e que se formos bons tudo sempre ficará bem. Mas as coisas acontecem. É justo o que aconteceu? Não, claro que não. E então? Eu ainda levanto de manhã. Não é sobrepujar a adversidade; é viver com ela.

Existe um mito da Finlândia o qual diz que abraçar a psicologia profunda ou provar nossa própria profundidade é como se preparar sozinho para as mil milhas de tundra. Não é fácil. Não significa que você sempre consegue a garota ou consegue andar, mas talvez lhe dê paz.

18. Donald Schnell

Schnell, credor e investidor financeiro, autor de Initiation, uma memória de seu encontro com Babaji, o lendário guru imortal, da Índia. Iniciado como swami na Índia em 1997, Schnell também é coautor de Fitonics for Life com sua esposa, Marilyn Diamond (coautora de Fit for Life), que oferece um programa abrangente para o bem-estar total. Donald pode ser encontrado em premababa1@aol.com

Conheci Margaret numa classe noturna de História Negra na Universidade Estadual de Fayetteville. Ela precisava dos créditos para a graduação em enfermagem na qual estava trabalhando. Ambos morávamos em Fort Bragg, Carolina do Norte, membros orgulhosos da 82ª Aerotransportada. Ela tinha vinte e quatro anos, cinco anos mais velha que eu, e era negra, divorciada e mãe de dois filhos: Joe de quatro anos e a pequena Maggie de cinco.

Ninguém se metia com Margaret. Ela era uma solitária que tinha tido uma vida dura. Não era bem-educada, embora fosse muito brilhante e conversava bem. Você poderia ver uma chama em seus olhos. Em atitude e aparência, ela me lembrava Whoopi Goldberg, embora um pouco troncuda com um corte de cabelo curto militar.

Mencionei sua força de vontade? Depois de me observar adicionar músculos significativos à minha estrutura com um vigoroso regime de levantamento de peso, ela perdeu vinte quilos em noventa dias numa dieta estrita de atum e água. Uau! A disciplina que se exige no exército ir para a escola, criar dois filhos sozinha e comer nada além de atum por três meses é espantosa.

Além de tudo isso, era 1974, e embora, tecnicamente, as mulheres pudessem se alistar no exército, os homens no comando em Fort Bragg, ou "pequeno inferno" como costumávamos chamá-lo, tornavam claro que elas eram menos que bem-vindas. Como único soldado branco numa unidade toda negra, cortesia de um plano militar em andamento para integrar o exército, eu simpatizava com a luta de Margaret para se ajustar. Não fosse por meu colega de quarto, James Bailey, me apoiando, meu tempo nas barracas teria sido desagradável, para dizer o mínimo.

Então fiquei contente quando James convidou Margaret a juntar-se ao zazen pela manhã – ou o "sentar zen" – grupo que eu tinha iniciado.

O zazen é a prática que Buda costumava associar à iluminação espiritual. As exigências são severas. O meditador senta-se ajoelhado, ao estilo japonês sobre os calcanhares, o queixo paralelo ao chão e todo esforço é feito para manter uma postura perfeitamente ereta. Você se senta absolutamente imóvel e mantém a atenção concentrada no momento presente, na respiração e nada mais. É uma técnica poderosa usada por muitos lutadores marciais porque aguça a mente e o corpo muito rapidamente.

Nossos dias eram cheios, tínhamos que estar de pé às quatro da manhã para conseguir uma hora de zazen. Logo, eu tinha cinco monges militares meditando em nosso zendô, espaço onde um grupo pratica o Zen. Quando mais soldados se juntaram a nós, nos mudamos das barracas para a sala de recreação, onde ficávamos em volta das mesas de bilhar. A maioria vestia somente uma camiseta e calças de combate usadas na guarda. Era absolutamente frio pela manhã, mas, no zazen, você aprende a ignorar as necessidades do corpo. O que é um friozinho comparado ao objetivo da libertação e da iluminação espiritual?

Eu usava um taco de bilhar como bastão *kyokyaku*, também conhecido como bastão da compaixão, para manter ardendo o fogo da meditação. O *roshi*, ou padre zen, usa um bastão e se sua postura enfraquece ou você começa a dormir ele te bate, no ombro direito ou esquerdo. Depois que você apanha, você se inclina diante do *roshi* em gratidão por mantê-lo no caminho da iluminação. O "crac" audível do bastão *kyokyaku* é conhecido por levar muitos monges à iluminação espiritual. Porque o crac acontece no momento e força você a despertar para o momento. Lembre-se, Buda significa "o desperto". Lembrar os outros da natureza transitória da vida é um ato de grande compaixão.

O fato de Margaret acordar tão cedo e arranjar tempo para se sentar zen conosco era excepcional, considerando todos os outros compromissos dela. Ela nunca perdeu um *sesshin* matinal, como o chamávamos, porém todos soubemos que algo estava errado quando Margaret não apareceu um dia. Naquela tarde, descobrimos que ela tinha sido diagnosticada com um avançado caso de leucemia. Estava com muita dor e os médicos lhe deram pouco tempo de vida.

Notavelmente, Margaret continuou a assistir ao *sesshin* tanto quanto pôde. Ela dizia que a meditação a ajudava a controlar a dor e atravessar o dia. Para todos nós, Margaret tornou-se o Buda em virtude de sua vontade indomável. Sua força interior era incrível. Cada dia, não importa como estivesse se sentindo, ela pedia para mim uma dose extra do bastão da compaixão.

Inevitavelmente, chegou a manhã em que ela não veio. Mais tarde, eu a achei no hospital naquele dia, praticando seu zazen a despeito da pesada medicação contra a dor. Ela me perguntou se havia um modo de trazer o *sesshin* ao seu quarto do hospital. "É claro", eu disse. A partir daí, nove de nós nos reuniríamos no hospital a cada manhã para continuar o *sesshin*. O resto do grupo continuou em nossa sala de recreação. Todo mundo queria participar com Margaret, mas não podíamos trazer tanta gente ao quarto dela.

Então nos deparamos com a enfermeira Leona, uma cristã fundamentalista com um temperamento que combinava com a cor vermelha do seu cabelo. Leona nos fez saber, em termos claros, que não queria perturbação em seu andar. Explicamos que o que estávamos fazendo era espiritual, aquela era a religião de Margaret e que seríamos extremamente silenciosos. Mas ela não queria ter parte com o que percebia como obra de Satanás e fez de tudo para nos expulsar.

Leona reclamou ao capelão do hospital que um elemento não cristão estava invadindo a paz do hospital. Arranjou ajuda de um segundo--tenente simpático à causa que me colocou em regime de guarda a noite toda sem descanso. Ele, então, enviou James e eu ao campo para um treinamento de sobrevivência de uma semana sem comida.

Margaret perseverou enquanto esperava nosso retorno. Como grupo, mantivemos nosso território com autoridade zen, clara e silenciosa. Queríamos ser fortes para ela. Para ver Margaret e ajudá-la com sua prática zen, tive que preencher vários formulários declarando minha religião como zen-budista, embora eu fosse, verdadeiramente, um cristão praticando o zen-budismo. Tive de fazer o mesmo para Margaret e o resto do grupo. Fui também advertido de que essa admissão afetaria minha capacidade de manter meu acesso a informações altamente confidenciais. Era, claramente, uma ameaça destinada a me desencorajar, mas a determinação inabalável de Margaret de que o grupo deveria continuar como um todo me inspirou a fazer o que tinha de ser feito. Ela corajosamente modelou a verdade de que uma disciplina espiritual deve ser mantida a todo custo.

Por sorte, um de nossos membros, primeiro-sargento veterano e antigo boina-verde, adiantou-se e arrumou as coisas. Ele foi uma das primeiras pessoas em minha vida que impressionou-me completamente. Era todo soldado – alto, ereto, musculoso, impecavelmente fardado, um rei afro-americano. Ninguém se metia com ele, mas não porque fosse mau. Ao contrário, era gentil e justo, e conhecido por ser daltônico. Fora tão condecorado por heroísmo e andava com tal dignidade régia que sua palavra na base era essencialmente lei.

O primeiro-sargento foi direto ao capelão principal de Fort Bragg. A despeito do fato de que este tinha um posto mais alto que o dele, o primeiro-sargento, que estava no comando da frota militar, tornou claro que se o capelão queria continuar a receber transporte limpo e agradável todo dia, teria que colaborar. Suspeito que deixou claro saber de algumas peripécias maritais do capelão com uma das jovens soldadas. Naquele tempo, assédio sexual não era, ainda, reconhecido como uma questão aberta no exército, mas o primeiro-sargento tinha um trunfo, e o capelão sabia disso. Para o alívio de Margaret e para desgosto da enfermeira Leona, nos foi garantida folga para irmos ao hospital às oito da manhã e honrar nossa prática espiritual de zazen por duas horas inteiras.

Estou seguro de que nossa prática inspirou vários efeitos retardados. Imagine um típico médico do exército entrar no quarto com um "Olá, como estamos indo hoje?" só para descobrir nove soldados sentados no chão em perfeito e silencioso zazen em torno da cama na qual está sua paciente, totalmente imóvel e ereta. Quando fazíamos o *sesshin*, sequer nos desviávamos de nossa prática para receber o médico ou qualquer outra pessoa que entrasse ali. O *sesshin* era o momento de nos concentrar em nossa divindade interior. Frequentemente, os dois filhos pequenos de Margaret, Joe e a pequena Maggie, participavam, sentados no colo do primeiro-sargento. As crianças se comportavam porque sua mãe lhes tinha ensinado as regras. Depois de algumas semanas, o médico de Margaret pegou o espírito da coisa. Percebeu que estava entrando num templo zendô. Ele entrava em silêncio e fazia seu exame serenamente. Foi uma mudança total no protocolo típico do hospital.

Quando Margaret ficou mais fraca, tirou vantagem de seu leito reclinável para se manter ereta. Ela simplesmente deitava-se de costas com a cama reclinada no ângulo apropriado. No Japão, quando uma pessoa está morrendo, uma tela que mostra Buda viajando para o céu é colocada na frente dela. É usada como um lembrete de onde estamos nos concentrando durante nossa jornada final. Eu contei a Margaret sobre a tela e seu simbolismo – e desesperadamente desejei poder providenciar uma para ela – mas nós dois sabíamos que era pouco provável encontrar uma tela de Buda no cinturão bíblico da Carolina do Norte. Fiquei tocado quando ela contou que eu era sua tela, através da qual lembrava-se de olhar para o céu e seguir o Buda.

Os médicos ficaram espantados com a calma e a aceitação de Margaret ante a morte iminente. Seu equilíbrio e graça eram extraordinários. Ela estava tomando cerca de um terço da medicação analgésica que pacientes na mesma situação tomariam. Em alguns dias, não tomaria nenhuma. Eles não compreendiam como isso era possível. Como Margaret não tinha família, o primeiro-sargento encarregou-se dos arranjos com organizações sociais para tomar conta de Joe e da pequena Maggie.

Numa manhã de primavera, chegamos para encontrar vazio o leito de Margaret. A enfermeira Leona nos contou de forma cruel que não íamos mais ser admitidos no hospital. O médico nos disse que Margaret morrera pacificamente por volta das quatro da manhã. Disse que ela tocou a sineta pedindo ajuda, mas quando chegaram já tinha morrido. Eles encontraram sua cama reclinada e Margaret sentada confortavelmente com um olhar pacífico no rosto – zen-budista até o fim.

A morte de Margaret nos atingiu profundamente. Buda disse que o mundo é sofrimento, tristeza e ilusão, e que qualquer coisa a que nos apegássemos no mundo, incluindo nosso corpo físico, passaria. Se nos apegássemos e nos ligássemos a ele, sofreríamos. Mas não podíamos ignorar a morte de Margaret dizendo: "Ei, somos zen-budistas e tudo isso é ilusão". Alguém que amávamos e cuidávamos, que tinha duas crianças pequenas, falecera. Éramos todos novatos e não sabíamos como processar isso. Por seu poderoso exemplo, Margaret nos mostrou como a transcendência do sofrimento repousa em cada um de nós. Ela nos mostrou como manter um pé na compaixão e outro na claridade total.

Margaret teve um funeral militar, disfarçado de treinamento de armas. Funerais militares para soldados comuns não são costumeiros, mas todos os arranjos foram feitos silenciosamente pelo primeiro-sargento. O capelão estava ausente, então o primeiro-sargento leu o salmo 23. Tive o privilégio de dobrar a bandeira americana que adornava o caixão simples de Margaret e presenteá-la a seus filhos. Caminhei em direção a eles em passos vagarosos, dignos, cuidadosamente medidos na forma zen de caminhar, meditação conhecida como *kinhin*. Um nó se formou em minha garganta que não pude controlar.

"Sua mãe foi muito forte, Joey", sussurrei quando me ajoelhei perto dele. Seus grandes olhos tristes olharam diretamente nos meus. "Guarde esta bandeira para lembrar sempre de como você é forte e de como sua mãe foi forte".

"Minha mãe vai voltar?", perguntou.

Com lágrimas rolando pelo rosto, eu disse a ele: "Ela está com Deus agora".

Quando Joe tomou a bandeira em suas mãos, permaneceu ereto em atenção enquanto lágrimas rolavam pelo seu rosto. Parado a seu lado, descansei a palma da minha mão sobre a cabeça da pequena Maggie. Ela virou-se para eu pegá-la no colo, o que fiz. Seus bracinhos se apertaram a minha volta no abraço mais forte que já recebi. Ela enterrou a cabeça em meu ombro e soluçou.

Tiros de rifles soaram, inesperadamente, como o crac do bastão de *kyokyaku*. Para mim, e estou certo que para a maioria do grupo do zendô, eles simbolizaram o ensino de Buda para se despertar, naquele exato momento, à preciosidade da vida.

19. Stephen Simon

Simon produziu ou supervisionou a produção de aproximadamente duas dúzias de filmes, incluindo Em Algum Lugar do Passado, *estrelado por Christopher Reeve, e* Amor Além da Vida, *estrelado por Robin Williams. Mais recentemente, produziu e dirigiu a versão cinematográfica do best-seller de Neale Donald Walsch,* Conversando com Deus, *bem como* Índigo, *um filme independente sobre crianças espiritualmente dotadas. Simon é cofundador do Círculo de Cinema Espiritual, que fornece filmes de temas espirituais significativos aos seus membros todos os meses. Ele expressa sua paixão pela categoria emergente do cinema espiritual em seu livro,* A Força Está Com Você: Mensagens Cinematográficas Místicas que Inspiram Nossas Vidas. *Para mais informações, visite www.cwgthemovie.com e www.spiritualcinemacircle.com.*

Por volta de outubro de 1998, eu estava muito desiludido com a indústria cinematográfica de Hollywood. Estava começando a ficar claro para mim que eu precisava fazer algo diferente. Demorei longo tempo para chegar a essa conclusão – tinha estado envolvido em mais de vinte filmes, tanto como produtor quanto como executivo durante os últimos vinte e cinco anos.

Tínhamos acabado de entregar *Amor Além da Vida*, um filme que fora literalmente uma odisseia de vinte anos em minha vida. Isto explica quão difícil era conseguir fazer filmes espirituais no sistema de Hollywood. E mesmo assim, filmes do coração e do espírito eram os únicos que eu queria fazer.

Do ponto de vista da produção, *Amor Além da Vida* foi uma experiência incrivelmente dolorosa. Por exemplo, estressei-me numa discussão de seis semanas com a PolyGram, que tinha financiado o filme, a respeito da palavra *consciência*. Eles não queriam a palavra no filme. Queriam mudá-la para *conscientização*. Finalmente venci esta batalha.

Logo depois do filme ser liberado, recebi uma ligação telefônica da PolyGram. Eles tinham sido contatados por um dono de cinema em Milwaukee, Wisconsin, que, por sua vez, fora contatado pelo pai de uma adolescente com doença terminal. Ela estava doente demais para sair de casa e ver *Amor Além da Vida*, mas queria desesperadamente vê-lo. O pai queria saber se era possível ser feito um videoteipe e enviado a ele.

Para crédito deles, as pessoas na PolyGram foram incrivelmente generosas em disporem-se a fazê-lo. Fizemos um videoteipe e o enviamos por mensageiro à casa desse cavalheiro. Seu nome é Chuck Weber, e era e ainda é empreiteiro em Milwaukee. Liguei para ele e deixei uma mensagem que estávamos enviando o teipe e que esperávamos que ele fizesse tudo o que queria fazer.

Não tive resposta por um tempo, mas depois de uma semana ou duas, recebi uma ligação telefônica de um amigo de Chuck que contou que ele tinha recebido o teipe e que Amanda, sua filha, vira o filme, e falecera dois dias depois.

Uma semana ou duas mais tarde, recebi uma ligação, e um cara realmente simpático do outro lado da linha disse: "Aqui é Chuck Weber. É Stephen Simon?". Tivemos uma conversa que mudou o curso de minha vida para sempre. Chuck tinha sido pai solteiro. Fui pai solteiro por muitos anos, então tivemos uma conexão imediata. Eu tinha quatro filhas, mas Amanda fora a única filha de Chuck.

Chuck contou que Amanda, de dezessete anos, fora diagnosticada com uma combinação muito rara de duas formas diferentes de câncer, e tinha sido muito, muito corajosa sobre sua doença até o fim. Mas ficara muito assustada quando chegou a hora de sua transição, porque não tinha uma estrutura de referência sobre para onde estava indo. Depois de ver os anúncios de *Amor Além da Vida* na televisão, ela disse ao pai que queria realmente ver o filme, e foi por isso que ele tinha ligado.

Chuck disse que, quando o mensageiro apareceu com o filme, este lhe disse que a PolyGram o instruíra a ficar na casa enquanto eles assistiam ao filme. Mas quando viu qual era a situação, que era Amanda numa cama de hospital na sala, fora generoso o suficiente para dizer: "Escutem, aqui está o vídeo. Liguem-me quando tiverem terminado, e voltarei e o apanharei".

O mensageiro partiu, Chuck mostrou o filme para Amanda e algumas de suas amigas. Chuck disse: "Stephen, tenho que ser honesto com você. Não assisti ao filme, e posso nunca ter a coragem de assisti-lo. Mas vi Amanda assistindo ao filme. E quando chegou à sequência do mundo pintado, vi todo o medo desaparecer dos olhos de minha filha. Ela tornou-se completamente serena. No dia seguinte, ela pediu para levá-la a um parque. Queria ver as cores do outono mais uma vez. E um dia depois, morreu em paz".

Ele então acrescentou: "Ouça, isto é o que preciso lhe dizer. Não sei se este é um bom filme ou não. Não sei o que os críticos pensam dele. Não sei se foi um bom negócio para vocês ou não. E isso não importa. O que preciso dizer é que ele mudou os dois últimos dias de vida da minha filha. o único sucesso a que vocês deveriam aspirar."

Enquanto Chuck falava, tudo se cristalizou para mim. Naquele exato momento, me comprometi a fazer somente filmes que lidassem com a experiência do que a humanidade pode ser quando opera seu melhor. Foi uma experiência profundamente emocional e espiritual para mim. E tudo que tenho feito desde então tem sido dedicado à memória de Amanda Weber.

A conexão que senti com Chuck tornou-se duradoura. Ele tornou-se um amigo muito querido e agora é conhecido em nossa família como Tio Chuck. Minhas filhas ficaram com muitas das roupas de Amanda, bem como com sua coleção de CDs e seus cristais. Chuck tornou-se um amigo muito querido e muito próximo de mim.

20. Mike Veeck

Veeck, executivo de beisebol de terceira geração, é um pequeno proprietário de cinco times da liga menor e consultor de outros cinco. Seu avô, Sr. William Veeck, foi um escritor esportivo que se tornou presidente do Chicago Cubs. Seu pai, Bill Veeck, foi o lendário inconformista que possuiu, em várias ocasiões, o The Cleveland Indians, o St Louis Browns e o Chicago White Sox. Mike Veeck faz o marketing da Liga Nacional para o Chicago White Sox, o Tampa Bay Devil Rays, o Florida Marlins e o Detroit Tigers. Fundador do seminário promocional Veeck, criou um vídeo de treinamento corporativo baseado em sua filosofia "Fun is good" bem como um livro Fun is good. Para mais informações, visite www.funisgood.net.

Em outubro de 1998, aceitei um emprego como vice-presidente sênior de marketing no Tampa Bay Devil Rays e mudei com minha família para a Flórida. Quando minha filha, Rebecca, de quase sete anos, passou por um check-up antes de começar a escola, não conseguiu ler o

"E" grande no cartaz do teste de visão. É claro, sendo ela uma Veeck, pensamos que estava representando, porém ela começou a chorar e disse: "Eu realmente não consigo ler o cartaz". Minha esposa Libby e eu a levamos imediatamente para um especialista, e foi confirmado que Rebecca tinha retinite pigmentosa, uma doença ocular degenerativa genética. Era incurável. Ela ia ficar cega. Era apenas uma questão de tempo.

Em alguns momentos, nosso mundo mudou para sempre. Subitamente, havia alguma coisa errada com nossa criança perfeita. Isso nos abalou. Ela recebera uma sentença, e você fica pensando: *Vamos apelar dessa sentença.* Eu mal conseguia pronunciar retinite pigmentosa, mas tinha o sentimento de que pela simples vontade, por esperar e rezar e por ajudar nas pequenas maneiras de que cada um era capaz, Rebecca poderia vencer sua doença. Bem, isto é bobagem. Rapidamente ficou claro que esta era uma coisa de sete dias por semana, vinte e quatro horas por dia. Isto é o que esgota você – o massacre – porque era simplesmente contínuo.

Coisas pequenas que tínham nos intrigado agora faziam perfeito sentido. Rebecca sempre colocava os livros muito perto dos olhos; achávamos que era um pouco ideia fixa. E ela tinha essa coisa engraçadinha: quando você aparecia, virava a cabeça e olhava para você do canto do olho; eu simplesmente achava que ela estava tentando parecer Verônica Lake. Mas minha filha tinha estado ali, vivendo em sombras por toda sua vida.

O instinto quase Neanderthal, que está impregnado em todos nós, é que você cuide de sua família, especialmente de sua filha. Mas neste caso, você é incapaz de fazê-lo. Fica suspenso num tipo de descrença animada. Escuta as palavras do médico, mas elas realmente não penetram em sua alma.

É claro, tive todas as clássicas reações exageradas; comprei para ela um monitor de TV que ampliava as imagens. Comprei-lhe um capacete de realidade virtual. Coisas assim. Nenhum dos quais ela usou porque Libby e eu tínhamos, muito tempo antes, plantado as sementes de criar um filho muito independente, cuja atitude fosse *recuso-me a depender de alguma coisa. Não me entrego.*

Mesmo assim, os primeiros noventa dias depois do diagnóstico de Rebecca foram muito difíceis para ela. Subitamente, havia monstros embaixo de sua cama. Ela ficava chorando no meio da noite querendo vir para a cama ficar conosco. Eu abria a porta do meu quarto e a descobria dormindo do lado de fora ou debaixo de um retrato de meu pai, seu "anjo guardião". E sempre as luzes estavam acesas, porque embora ela se mantivesse tremendamente corajosa diante de nós, tinha medo de que, se fosse dormir no escuro, pudesse acordar cega. E se as luzes fossem apagadas, não saberia se tinha ficado completamente cega ou se era apenas a escuridão. Eu era tão estúpido; não percebia que esta era uma possibilidade real para ela. Ela exorcizaria seus demônios da única maneira que podia.

E então percebi que meu pai sempre tinha usado o humor para lidar com situações desconfortáveis. Muitas pessoas sentiam-se embaraçadas perto dele porque meu pai não tinha uma perna, então se esforçava por deixá-las confortáveis. Contei a Rebecca todas as histórias dele possíveis: sobre como tinha usado sua perna artificial como cinzeiro; como a pintava de bronze a cada primavera e então tentava bronzear o resto de seu corpo para combinar com ela. Como reunia as crianças da vizinhança à sua volta, batendo um prego através de sua perna de madeira e dizendo-lhes para ir para casa e pedir a seus pais que fizessem o mesmo.

Não disse a Rebecca, mas achava que seria menos assustador para ela se pudéssemos brincar a respeito. E para mim, era o velho "Assobio uma alegre canção e ninguém vai saber que estou com medo". Eu começaria a cantar, com a melodia de "Johnny Angel", "Re-ti-ni-te!" e ela responderia: "pig-men-to-sa!" Ou eu fingia que não via o batente da porta e bateria minha cabeça nele, ela faria o mesmo e cairíamos no chão rindo. "Qual é o problema, criança?", eu gritaria. "Você está cega?"

Estou certo de que às vezes ela ainda se assustava, mas não o demonstrava. Um ano após ter sido diagnosticada, ela disse sem rodeios: "Não estou com medo. Se vou ficar cega, vou lidar com isso". E uma vez, quando estávamos fora numa caminhada, ela olhou para o céu e disse: "Tudo bem, papai, se vou ficar cega, porque sempre terei você e mamãe comigo para me dizer o que estão vendo". Como se pode responder a isto? Você não pode. Você engole e espera até que esteja sozinho e então lida com isso. Simplesmente olho para ela e me maravilho.

Desde o começo, Libby e eu não estávamos seguros se devíamos conversar publicamente sobre a doença de nossa filha. Mas para Rebecca devíamos vigorosamente começar uma campanha. Ela era muito eloquente; podia descrever não somente sua visão, mas seus sentimentos.

Então concordamos em que ela seria uma porta-voz. Ela deu seu testemunho em frente ao Congresso com a idade de oito anos, quando estávamos tentando obter fundos para lutar contra a retinite pigmentosa. Ir a público fazia sentido para ela porque sentia que não precisava de ajuda, mas talvez existissem outras crianças que precisassem. Alguns chamarão a isso negação; outros chamarão de espírito.

Depois dos primeiros sete meses que ela foi diagnosticada, tentei me distrair em meu emprego, que marcou meu retorno à Liga Nacional de Beisebol após vinte anos. Mas estava faltando alguma coisa. Beisebol não era mais tão divertido quanto eu lembrava, e eu não era também. Havia uma tristeza ganindo em minha alma. Eu não conseguia trabalhar duro o suficiente para esquecer como estava com medo. Então, em maio, finalmente desisti e pedi demissão do Devil Rays.

Tinha devotado minha vida inteira a esse jogo tolo. Um dia você está pensando: *Consegui o emprego dos meus sonhos.* Dias depois, você negociaria com qualquer coisa ou faria qualquer coisa. Quando finalmente voltei para as grandes ligas, eu estava como: *Sim, é isso!* E ter tudo isto reduzido a escombros e cinzas rapidamente é humilhante. E você luta; tem que reconstruir sua visão de si através dos olhos dessa criança maravilhosa.

Esta foi uma das coisas que tudo isso me ensinou: que o que vinha chamando de minha carreira não significava nada comparado ao que Rebecca estava passando. E então ela tornou-se minha inspiração. E por causa dela, tenho sido forçado a aprender mais sobre essa horrível doença. Nunca soube antes o que "conhecimento é poder" realmente significava – toda vez que você aprende um pouco mais, o medo afrouxa seu laço sobre você.

Usei o ano seguinte para levar Rebecca pelo país, e voar com ela para fora, para que pudesse ver todas as coisas que tinham cores maravilhosas que eu amara quando criança. Eu a tirei da escola para ir ao Vale da Morte, ao Grand Canyon e ao Pico Pikes. Dirigimos através da autoestrada da Costa do Pacífico e vimos as sequoias gigantes. Fomos às Bermudas e à Irlanda. Eu a levei a todos os lugares que lhe deixariam lembranças duradouras, como Carrie Fisher chamou, "cartões-postais do paraíso". O objetivo era ir a todos os cinquenta estados. Embora ela e eu tenhamos uma discordância sobre o número, acho que ainda temos dezoito por conhecer. Tivemos de ir mais devagar porque tanto Rebecca quanto Libby me lembraram que havia uma cláusula de presença obrigatória na escola. Rebecca queria conhecer a casa onde cresci, então levei-a até Eastern Shore em Maryland. Foi tremendamente emocionante. Ali estava eu, de mãos dadas com minha filha, e caminhando por onde meu pai e eu tínhamos andado.

Ela também queria ver a placa do avô no Hall da Fama, então fomos a Cooperstown, em Nova York. Houve uma grande reunião com minha família, amigos e parceiros de negócios que incluiu Larry Doby e sua esposa, Helyn. Meu pai tinha contratado Larry para ser o primeiro jogador negro na liga americana, semanas depois que Jackie Robinson quebrou a barreira da cor com o Brooklyn Dodgers. Uma de minhas fotos favoritas mostra Larry pegando Rebecca e levantando-a, naquele dia, para que ela pudesse sentir o rosto de meu pai em sua placa. Foi um momento tocante.

Bem, pensei que tudo que era possível tivesse sido arrancado de mim. Mas Rebecca deu o golpe de misericórdia quando Jeff Idelson, vice-presidente do Hall da Fama e amigo nosso, nos levou escada abaixo dentro das catacumbas onde tantos objetos estão guardados. Ele tinha preparado uma foto de meu pai e Larry Doby – um cara branco de meia-idade e um jovem jogador negro. Rebecca olhou para ela, e num sincronismo perfeito perguntou: "Qual deles é o vovô?". O auditório veio abaixo.

Ao longo dos anos, Rebecca tem resistido a ser ajudada a cada passo do caminho. Tem quinze anos agora e esta semana está num acampamento para cegos. Ela foi ao primeiro acampamento com catorze anos, e foi a primeira vez que concordou com o fato de que é diferente. Leva sua bengala dobrável discretamente na mochila da escola, mas tenta não usá-la. Aprendeu braille porque a obrigamos, mas não pede nenhum tratamento especial. Rebecca ainda tem um pouquinho de visão num olho, dirá que pode ler tudo, menos as letras miúdas. Ela nos diz: "Vou ficar bem. Sou uma Veeck!".

Fico estupefato com sua coragem. Nossa filha é imponente. Você se descobre pensando: *Eu poderia fazer isto?* E a resposta é sempre não. Olho para isso e penso que houve um salto de geração. Ela simplesmente tem esse espírito infatigável, essa tremenda bravura e se recusa, absolutamente a ser diminuída por causa da deficiência. Recentemente, Rebecca nos contou que teve um sonho alguns anos atrás, antes que o médico lhe contasse que estava para ficar cega, no qual uma menininha, que parecia ela, mas não era, aproximou-se, tocou seus olhos e disse: "Sinto muito, mas você tem um caminho a tomar".

A longo prazo, poderá haver uma cura baseada em genética para a retinite pigmentosa. A curto prazo, avanços têm sido feitos com microchips e câmeras em miniatura. Um cachorro chamado Lancelot teve sua visão restaurada com esses implantes. Vivo todos os dias com essa grande esperança que, embora hoje possa não ser o dia da descoberta da cura, o ano seguinte pode vir a ser.

Sim, pode haver muitos momentos no dia em que você sente vontade de chorar, mas ela luta tanto que chorar seria traí-la. Certamente não sou uma Poliana, mas não sinto que sejamos mais sofridos que qualquer outra família no mundo. Todos temos Rebeccas. Continuo me lembrando de que lá fora existem crianças autistas e crianças que estão morrendo, e penso, bem, isso não é tão mau. Existem graus de sofrimento, e ele torna você agudamente consciente de que a condição de Rebecca altera a vida, mas não a ameaça.

E somos, realmente, todos uma família – a família do Homem. Dependemos uns dos outros. Dependemos dos cientistas aparecerem com uma cura, eles dependem de Rebecca para arrecadar fundos e conscientizar. Em troca, as pessoas doam mais dinheiro. É muito humilhante, não somente o fato de que você está desamparado, mas que tem de se apoiar nos outros, porém pela primeira vez em minha vida, tenho grande conforto nisto.

Cheguei a perceber que não existe nada que una tanto as pessoas quanto assistir à luta de uma criança. Isso prioriza sua vida. Você se torna uma pessoa diferente. Não tenho orgulho das mudanças que tive de atravessar, porque realmente acreditei que ser vice-presidente sênior de marketing do Tampa Bay Devil Rays era muito importante. Mas então você percebe que, treze segundos depois de você deixar aquele emprego, ninguém mais se importa. E embora eu me irrite facilmente com os tolos porque sou um deles, não sou mais capaz de ver a perda de vinte bilhetes da estação como um fracasso de trágicas proporções. É muito embaraçoso ter sido esse egocêntrico.

Qualquer pai que tenha de atravessar uma coisa como essa é mudado para sempre. Não sei o que acontecerá quando descobrirem a cura. Talvez você magicamente volte a ser o que era. Prefiro pensar que não. Acho que você então procura outra coisa para se dedicar a outra criança que pertença a um amigo ou vizinho, porque isso está enraizado em você. Tudo que sei é que se Rebecca não tivesse tido essa doença, eu seria agora, aos cinquenta e seis anos, a mesma pessoa que era aos quarenta e oito. Estaria pensando: *Tudo sou eu*. Não penso mais assim.

Momentos Sagrados

21. Dannion Brinkley

Brinkley, que sobreviveu a dois acidentes com raios, a uma cirurgia de coração aberto e a uma cirurgia cerebral, seguida por ataque epilético, escreveu dois best-sellers sobre sua experiência de quase morte: Save the Light e At Peace in the Light. Em seu terceiro livro, The Secrets of Light, escrito com sua esposa, Kathryn, Brinkley descreve sua terceira experiência de quase-morte e oferece estratégias espirituais para aumentar a consciência e o poder da vida diária. Um antigo defensor das casas de repouso e do cuidado paliativo, Brinkley cofundou a Brigada do Crepúsculo, um dos maiores programas voluntários de cuidados terminais para veteranos morrendo da história americana. Para mais informações, visite www.thetwilightbrigade.com e www.dannion.com.

Após ser atingido por um raio em 1975, tive vinte e oito minutos de morte clínica, seis dias de paralisia total, sete meses de paralisia parcial e dois anos para aprender a andar e me alimentar sozinho outra vez. Mas, no final, a santidade da experiência foi impressionante porque finalmente compreendi que somos seres espirituais grandes e poderosos. A santidade é encontrada no momento em que a pessoa percebe que é parte do todo cósmico, do universo divino, e eu enfatizo esse *divino*.

Essa experiência de quase-morte foi uma grande bênção porque, quando deixei meu corpo e viajei através do túnel, cheguei a um lugar de luz brilhante e contemplei a maravilha que nos espera em nosso regresso ao lar. A maravilha dessa experiência me inspirou a fazer o que podia para ajudar outras pessoas a perder o medo da morte.

Tenho a mais bela esposa e os filhos mais magníficos – cinco meninas e um rapaz – que muitas vezes não compreendem minha fixação e fascinação com a morte. Tão logo escuto que alguém está morrendo, fico aceso como uma árvore de Natal, porque sei para onde aquela pessoa está indo, e conheço a beleza inerente ao caminho para casa. Sou grato a Deus por minha mulher e meus filhos serem tão tolerantes com meu *hobby*, que é a morte.

Eu estava com minha mãe quando ela faleceu em 1984. Ela confiava quando eu lhe contava sobre a experiência de ir para casa, mas ainda estava aterrorizada. Ela me disse: "Não deixe que eles me machuquem mais". Também disse: "Tome conta de seu pai". Eu a protegia e a mantinha em meus braços quando deu seu último suspiro e deixou este mundo.

Comprometi minha vida a estas duas coisas. A primeira – *não deixe que eles me machuquem mais* – que é o cuidado paliativo, ou aliviar a dor no final da vida sem prolongar o sofrimento. O segundo – *Tome conta de seu pai* – que me levou a começar a levá-lo ao VA (Veterans Affairs). Ele era um veterano deficiente da Segunda Guerra Mundial, e logo percebi que um veterano é uma pessoa única. Ele serviu na marinha, mas nunca passou por aquilo que vi passarem aqueles caras. Combinei essas duas paixões fundando uma organização sem fins lucrativos, a Brigada do Crepúsculo – também conhecida como Compaixão em Ação – para recrutar voluntários de casas de repouso para os veteranos moribundos.

Agora temos perto de seis centenas de voluntários, e tenho muito orgulho deles porque não lhes aconteceu o que aconteceu comigo. Eles têm de ter fé em mim e na maneira que descrevo como a vida termina. Não tenho que ter fé em nada; creio porque sei – porque estive lá.

Um dos únicos lugares onde você pode tomar a palavra de Deus e colocá-la em prova é quando você fica só com aquela pessoa que está se preparando para deixar este mundo. Aquele momento, quando os céus se abrem para receber sua alma e você tem o privilégio de estar ao lado, é o momento mais divino e sagrado que qualquer um pode ter. Quando você faz isso tão frequentemente quanto eu, desfruta de momentos com Deus que não descobre em nenhuma outra situação.

Meu pai foi bem ativo até seus oitenta anos, mas começou a ficar realmente doente em 2004. Ele tinha uma arritmia cardíaca e seus pulmões começaram a falhar. Foi um grande sujeito – e duro, um dos homens que trabalhou duramente. Depois que entrou em coma, colocaram-no respirando por aparelhos por treze dias. Os médicos disseram a meu irmão Jimmy, à minha irmã Becky e a mim que papai provavelmente não acordaria do seu coma, e que se o fizesse não seria capaz de respirar sozinho outra vez. Olhei para nosso pai deitado lá e disse: "Não podemos deixá-lo assim. Não tem sentido. Este não é o nosso pai".

Fui procurar o médico e disse: "Por favor, desligue meu pai dos aparelhos, e deixe-o livre, deixe-o ir para casa". Quando o médico puxou o último plugue, meu pai teve uma parada cardíaca. Minha irmã e eu começamos a chorar, meu irmão a abraçou e nós todos nos abraçamos. Subitamente, meu pai levantou-se da morte e disse: "Vocês não têm nada pra fazer?". Simplesmente ficamos olhando para ele. Não podíamos acreditar naquilo. Quando éramos crianças trabalhando na mercearia de papai, nós três frequentemente ficávamos por lá conversando um com o outro. Ele chegava e dizia: "Vocês não têm nada pra fazer?", porque no negócio de mercearia sempre existe alguma coisa para fazer.

Enquanto estávamos ali, incrédulos, percebi o que tinha acontecido. Do meu trabalho como voluntário em casas de repouso, sabia que algumas vezes pessoas que estão morrendo recuperam a consciência perto do fim. Literalmente voltam da beira da morte e seus amados pensam que vão ficar bem. Mas eu sei melhor; tenho visto isso muitas e muitas vezes.

Fui procurar o médico e mudamos papai para um quarto diferente. Naquela noite ele recebeu um jantar completo com carne assada, assistiu ao jogo de beisebol dos Braves – seu passatempo favorito – e nos asseguramos de que cada membro da família que pudemos encontrar estivesse lá para desfrutar de seus últimos momentos. Papai recebeu seus admiradores naquela noite. Por volta das sete horas, ele decidiu que precisava repousar. Foi dormir, mas acordou com dor e se debatendo. Estava muito apavorado com a morte, mas meu irmão, irmã e eu nos reunimos em torno dele e dissemos: "Papai, está tudo bem. É tempo de você ir para a luz. Amamos você de todo o nosso coração". Ele sorriu, apertou nossas mãos e disse que tinha tido o melhor dia. Olhou para nós com um olhar amoroso, deu dois suspiros e mergulhou no túnel.

Entreolhamos-nos com lágrimas nos olhos e soubemos que tínhamos acabado de experimentar um dos melhores dias com nosso pai que já conhecêramos. O sentimento sagrado de confiança que nós três tivemos naquele dia foi incrivelmente poderoso. Todos soubemos ter feito a coisa certa, na hora certa, da maneira certa. E, o mais importante, fizemos isso juntos.

22. Francis S. Collins, M.D., Ph.D.

> *O Dr. Collins, um dos mais importantes geneticistas do país, é autor do best-seller do The New York Times,* A Linguagem de Deus: Um cientista apresenta evidências de que Ele existe. *Antes de se mudar para Washington, D.C., em 1993, para dirigir o Projeto Genoma Humano como diretor do Instituto Nacional de Pesquisa do Genoma Humano, o Dr. Collins ajudou a descobrir o erro genético que causa a fibrose cística, a neuro-fibromatose e a doença de Huntington. Trabalhando no moderno estudo do DNA, o código da vida, ele pessoalmente descobriu algumas das evidências científicas da ascendência comum de todas as criaturas vivas. Para mais informações, visite www.genome.gov.*

Durante algum tempo, desejei ser voluntário em serviços médicos numa parte menos desenvolvida do mundo. Finalmente, quando estava com trinta e nove anos, isso aconteceu por causa do exemplo e do encorajamento de um médico que frequentava a mesma igreja que eu. Ele viajava para Nigéria e Gana várias vezes ao ano para estabelecer clínicas e oferecer cuidados médicos. As histórias que me contou e as fotos que mostrou tocaram algo em meu coração que me fez querer essa mesma experiência e ver como era.

Fui particularmente inspirado a desejá-lo porque minha filha mais velha, na época estudante de faculdade, também estava pensando em medicina e possivelmente exercê-la em outras partes do mundo. Decidimos que seria particularmente recompensador se o fizéssemos juntos – talvez porque estivéssemos um pouco amedrontados de ir a um lugar não familiar e politicamente instável.

Então concordamos em ir e servir num pequeno hospital missionário na área muito pobre do Delta na Nigéria. Meu papel seria servir como médico geral interno, tomando conta de pacientes tanto no ambulatório quanto no hospital por umas duas semanas, para dar ao médico missionário efetivo tempo livre para recarregar suas baterias e obter alguma educação continuada.

Esperava que a experiência fosse tanto excitante quanto amedrontadora. E estava consciente de que minhas habilidades médicas, dependentes como eram do mundo altamente tecnológico de um hospital americano, poderiam ser muito pouco adequadas ao desafio de estranhas doenças tropicais e do pouco suporte técnico.

Realmente, quando cheguei lá, vi que os recursos com que estava tão familiarizado no meu treinamento ocidental geralmente não estavam disponíveis. Não havia muito de um laboratório funcionando. Não havia nenhum equipamento sofisticado de imagem e a máquina de raioX estava frequentemente quebrada. Ao menos o hospital tinha uma farmácia com uma razoável coleção de medicamentos com a probabilidade de oferecer benefícios – se eu conseguisse chegar ao diagnóstico certo.

Finalmente, achei a experiência particularmente desencorajadora. A maioria das doenças que era chamado a tratar, tais como tétano, tuberculose, malária e uma ampla variedade de doenças parasitárias, representavam o fracasso devastador de um sistema completamente destroçado de saúde pública. Não se prestava atenção à pureza da água. Não havia serviços públicos como esgotos ou caminhões de lixo.

Vacinas, geralmente não estavam disponíveis. As pessoas não tinham acesso a cuidados médicos preventivos, e muitas submetiam-se a práticas ensinadas por feiticeiros, o que, muitas vezes, eram a causa da doença ao invés da prevenção.

Então fiz o que pude, vendo muito mais pacientes num dia do que costumava, ficando particularmente inseguro em muitas circunstâncias sobre quais eram realmente suas doenças e tentando administrar os pacientes no hospital sem os serviços de apoio a que estava acostumado.

Comecei a imaginar o que, em nome de Deus, estava fazendo lá. Antes de ir para a Nigéria, tinha a imagem de mim como vindo salvar vidas e ajudar o país inteiro. De algum modo, minha presença faria diferença. Voltaria com histórias excitantes sobre como meus esforços tinham causado impacto naquela parte do mundo. Comecei a concluir que fora vítima de uma visão romântica e irreal e passei contar os dias que faltavam para voltar.

Rezava sobre isso porque tinha ido a esse pequeno hospital com um sentido de vocação, pensando que talvez fosse algo que viesse a ser parte de minha vida. Sabia que tinha de confiar mais em Deus e menos em mim, porque minhas próprias capacidades eram insuficientes para a tarefa, e me desapontei de não sentir a presença jubilosa da orientação que tinha esperado. Afundei mais e mais no desencorajamento e em não pequena dose de autopiedade.

Quatro ou cinco dias se passaram. Cuidei de uma miríade de problemas, ajudando alguns pacientes, não sabendo o que fazer com outros, mas geralmente sentindo que, fizesse o que fizesse, estava só colocando um dedo no dique do que seria finalmente um desastre para a maioria daquela população. Era desencorajador saber que muitos voltariam ao mesmo ambiente causador de suas moléstias, somente para ser afetados por alguma coisa.

Então um jovem fazendeiro com uma doença muito estranha foi trazido à clínica por sua família. Nas duas semanas anteriores, suas pernas tinham inchado gradualmente para duas vezes o seu tamanho normal. Ele estava fraco, quase incapaz de se manter em pé e aparentava estar seriamente enfermo. Examinando-o, tomei seu pulso e uma revelação espantosa ficou imediatamente aparente. Seu pulso, embora palpável quando ele expirava, desaparecia completamente quando ele estava inspirando.

Embora nunca tivesse observado esse clássico sinal físico tão dramaticamente, recordei-me de que anos antes, como parte do meu treinamento médico, fora ensinado de que se a pressão sanguínea de alguém descesse significativamente quando ele inspirasse, isso era algo importante a se prestar atenção. É chamado "pulso paradoxal". E recordei, embora tivesse que lembrar-me rapidamente de procurá-lo em meu velho manual médico, que isso geralmente é uma indicação de fluidos no saco pericárdico em torno do coração – uma condição muito perigosa. Se os fluidos aumentassem muito, impediriam o coração de relaxar como necessário, entre cada batida, para receber o sangue das veias e então bombeá-lo para fora outra vez. Tudo começava a fazer sentido porque explicava por que as pernas daquele jovem estavam tão brutalmente inchadas – o sangue estava se empoçando nelas porque seu coração não conseguia expandir-se para recebê-lo.

Nos Estados Unidos, esse tipo de suspeita seria imediatamente seguida de um eletrocardiograma, no qual ondas sonoras iriam até o coração para ver se existia realmente fluido no saco pericárdico. É claro, não havia tal instrumento naquele hospital em Eku, Nigéria. Pelo que se viu depois, a máquina de raioX estava funcionando naquele dia, mas a qualidade era muito pobre; ela mostrou que a sombra do coração estava maior do que deveria, mas não podia dizer nada mais específico.

Consultei outros médicos do hospital, a maioria residentes em treinamento, porque a maioria dos médicos efetivos tinha saído para um retiro de educação continuada. Nenhum dos médicos no hospital tinha realizado o procedimento necessário, que era a remoção do fluido através de uma agulha.

Eu realmente me sentia numa situação terrivelmente difícil. Não estava absolutamente seguro do diagnóstico, podia dizer que o jovem estava muito doente e provavelmente morreria rapidamente se nada fosse feito, e mesmo assim nunca tinha realizado tal procedimento. Sabia que o procedimento tinha que ser feito sob um tipo de orientação mais cuidadosa, porque um desvio da agulha e um talho no músculo cardíaco poderiam ser imediatamente fatais.

Li sobre o procedimento e procurei alguns diagramas em velhos livros que havia a respeito na biblioteca do hospital. Procurei meu próprio manual de procedimentos que trouxera para me lembrar de como era feito. A única coisa útil que eu sabia que poderia fazer era me assegurar de que todo o equipamento estivesse esterilizado. Assegurei-me de ter uma seringa e uma agulha completamente esterilizadas. Conectei a agulha a uma antiga máquina de eletrocardiograma, porque durante o procedimento, se você realmente tocar o coração, verá uma mudança no sinal elétrico, e isto lhe dirá para recuar rapidamente.

Era um procedimento assustador. Para ser explícito, você espeta uma grande agulha diretamente abaixo do esterno, no ombro esquerdo, e vai avançando vagarosamente com ela, esperando drenar para fora o fluido em volta do coração e não o sangue do coração. Se fizer isso, você sabe que foi longe demais e pode ter simplesmente matado seu paciente. Num mundo desenvolvido, tal procedimento seria feito somente por um cardiologista altamente treinado, guiado por uma máquina de ultrassom.

O jovem compreendeu o que eu estava fazendo e ficou notavelmente calmo. Sabia que o procedimento era arriscado, mas me animou a continuar. E então, com o coração na garganta e uma prece nos lábios, inseri a agulha bem abaixo do seu esterno e comecei a empurrá-la. Para minha grande agonia, vi a seringa encher-se de um fluido escuro e vermelho. E fiquei imediatamente preocupado de que tivesse ido longe demais, que meu diagnóstico estivesse errado e que eu tivesse essencialmente perfurado o coração dele.

Mas ele parecia bem. Lembro-me de uma das condições que seria mais provável de causar o seu problema, a tuberculose, era capaz de produzir não somente fluido em torno do coração, mas fluido sanguineo. Então esgotei o fluido da seringa dentro de uma vasilha e esperei para ver se coagularia. Não coagulou. Significava que não era sangue. Aliviado, continuei a drenar quase um quarto de galão daquele fluido.

Removi a agulha. No curso das horas seguintes assisti cuidadosamente meu paciente, desejando não ter induzido nenhum mau resultado. De fato, sua melhora foi surpreendente. Seu pulso paradoxal desapareceu quase de uma vez, e nas vinte e quatro horas seguintes, o inchaço de suas pernas melhorou rapidamente.

Então, finalmente, após muitos dias sentindo-me sombrio e desapontado comigo e com toda a experiência nigeriana, senti-me, pelo menos, brevemente alegre de que alguma coisa tivesse acontecido que fosse oferecer algum benefício. Mas aquele sentimento teve vida curta. Na manhã seguinte, acordei novamente rodeado pelo ambiente intensamente necessitado daquele hospital, sentindo o opressivo calor equatorial, sabendo que haveria centenas de pacientes para eu tomar conta naquele dia.

Com o mesmo peso de desencorajamento em cima de mim outra vez, fui para minha ronda diária. Depois de uma hora, cheguei ao lado da cama do jovem fazendeiro. Ele estava sentado, parecendo surpreendentemente bem e lendo sua Bíblia. Falava inglês muito bem, como muitos na Nigéria. Perguntei-lhe como estava indo, e ele descreveu sua situação em termos positivos.

Então me olhou inquisitivamente e disse: "Tenho o sentimento de que você é novo por aqui". Fiquei surpreso. Talvez eu devesse ter explicado a ele o quão novo eu era e que, basicamente, tinha realizado nele um procedimento arriscado para o qual realmente não fora treinado. Não tinha dito isso a ele, mas o paciente pareceu tê-lo imaginado de alguma forma. Aquilo realmente me irritou um pouco; queria aparentar ser um médico muito experiente e confiável e não pensava ser tão óbvio que não o era. Então, sim, admiti que estava lá somente há alguns dias.

Mas ele não parou aí. Disse: "Você sabe, tenho o sentimento de que está imaginando por que veio até aqui". Aquilo realmente me surpreendeu. *Como ele sabia?* E então saíram de sua boca palavras que ficariam comigo pelo resto da vida. Ele disse: "Tenho uma resposta pra você. Você veio aqui por uma razão. Veio aqui por mim".

Eu estava sem fala. Lágrimas subiram aos meus olhos. Tive o sentimento de que, embora aquele fosse um jovem fazendeiro nigeriano falando comigo – tão diferente de mim em cultura, experiência e ancestralidade quanto quaisquer dois seres humanos podem ser – fora realmente Deus falando comigo, lembrando-me de que tudo na vida é sobre uma pessoa num momento tentando alcançar e ajudar alguém que precisa. Tinha inserido uma agulha perto do seu coração; suas palavras perfuraram diretamente o meu.

Eu estivera completamente animado pela grandiosa visão do que minhas realizações na Nigéria supostamente seriam. Tinha sido levado pelo meu próprio desejo de me sentir importante, de fazer coisas grandiosas para que pudesse voltar e contar aos meus colegas na Universidade de Michigan. Sentiria que tinha realizado algo significativo que afetara muitas pessoas, e minha própria reputação cresceria como consequência de contar aquelas histórias.

As palavras daquele jovem me recordaram que o ego é o motivo errado; ele nunca seria satisfeito ou se satisfaria de qualquer forma. Ele me ensinou que o mais significativo é o relacionamento entre dois seres humanos, conectados num modo que somente faria sentido através do tipo de amor que não requer recompensa, ou seja, o amor verdadeiramente incondicional. Este tipo de amor é uma das características dos seres humanos que mais desejamos encontrar em nós e mais nos admiramos de encontrar nos outros. E por apenas um momento, aquele amor desceu sobre aquele jovem e sobre mim naquele lugar improvável e recordou-me sobre o que a vida era.

Tinha esquecido que a maneira como você toca vidas como médico – ou qualquer que seja sua profissão – é uma pessoa num momento de amor, de benevolência, levado por um impulso altruísta. E isso basta; isso é tudo que importa. É tudo o que sempre importou. Naquele momento, aprendi essa lição da maneira mais cristalina, e essa compreensão permanece comigo durante os últimos dezoito anos. De vez em quando, o ego emerge quando fico um pouco animado com alguma outra grande missão ou algum novo avanço no que faço agora, que é liderar o Projeto Genoma Humano. Tenho que dar um passo atrás e relembrar que, como aquele jovem fazendeiro nigeriano ensinou, só podemos realmente mudar o mundo e espalhar o amor de Deus a uma pessoa de cada vez.

23. Suza Francina

Suza, que prefere ser conhecida por seu primeiro nome, é uma pioneira no campo do ensino de ioga a pessoas idosas. É autora de The New Yoga for People Over 50 years, Yoga and the Wisdom of Menopause e The New Yoga for a Healthy Aging. Ela é diplomada pelo Instituto de Ioga Iyengar de São Francisco, instrutora certificada de ioga Iyengar e membro da Associação Internacional de Terapeutas Iogues. Consultora para estudos de pesquisa médica sobre ioga, Suza ensina ioga internacionalmente a pessoas de todas as idades numa ampla variedade de ambientes. Para mais informações, visite www.suzafrancina.com.

Sempre tive afinidade com pessoas mais velhas. Quando tinha quatorze anos e vivia em Ojai, Califórnia, comecei a ajudar pessoas mais velhas em nossa vizinhança com tarefas domésticas leves e recados. Quando fiquei mais velha, naturalmente inclinei-me a tomar conta delas quando ficavam doentes. Foi como conheci Ruth, que tinha se mudado para Ojai quando se aposentou. Eu prestava cuidados domésticos de saúde para seus vizinhos.

Comecei a ajudar Ruth com tarefas da vida diária quando ela estava em seus setenta anos. Ela era muito saudável e vital. Como muitos dos meus clientes, ela se tornou minha amiga. Davámos longas caminhadas juntas e ela partilhava suas visões comigo. Ruth era uma pessoa extraordinária. Teosofista, vegetariana, estudara por toda a sua vida o pensamento esotérico oriental. Meditava e jejuava regularmente. Estava familiarizada com o que eu chamaria de sabedoria antiga.

Quinze anos depois que Ruth e eu nos conhecemos, ela teve um derrame e começou a perder o controle do seu intestino e bexiga. Seu grande temor era ter outro derrame que a deixasse mentalmente incapacitada.

Ruth e eu visitáramos velhos amigos mútuos que tinham começado a se piorar e foram transferidos para uma casa de repouso. Os corredores estavam cheios de pessoas amarradas às suas cadeiras de rodas. Usavam múltiplas medicações, estavam completamente fora de si e a oportunidade de morrer elegantemente fora perdida. Ruth foi taxativa: não queria ir para uma casa de repouso e perder sua independência.

Quando uma das amigas de Ruth ligou e disse que queria me ver, eu não pensava em nada disso. Quando entrei em seu apartamento, sua vizinha Betty, que vinha ajudando Ruth com as refeições, estava jogando mingau de aveia na pia. Ela me contou muito casualmente que Ruth estava jejuando até a morte. Aparentemente, Ruth tivera outro derrame, estava tendo lapsos de memória e não queria esperar até o ponto em que não pudesse tomar essa decisão.

Betty disse que Ruth tinha decidido isso um tempo atrás porque não queria tornar-se dependente, mesmo que fosse por um curto período. O fato de ter perdido o controle de seu intestino e bexiga fora a gota d'água. Ela não gostava das pessoas terem de trocar sua fralda.

Quando entrei no quarto de Ruth, ela estava relaxando em sua cama. Sentei-me ali e ela me explicou que estava pronta a deixar de comer e queria morrer em casa. Pediu para ser sua advogada e me assegurar de que ninguém a alimentasse. Ela me escolheu para ser sua guardiã porque sabia que eu estava alinhada com sua filosofia. Prometi que ajudaria.

Embora tudo isso tivesse me tomado de surpresa, depois de pensar, senti que era uma decisão muito sábia. Ruth estava acostumada a jejuar por saúde e propósitos espirituais e isso lhe permitiria atravessar o processo de deixar seu corpo por não comer ou beber. Ela tinha se preparado para isso da maneira que uma pessoa santa faria, imagino.

Quem sabe? Poderia ter sido diferente se ela tivesse uma família a qual garantisse que nunca a colocariam numa casa de repouso, ou recursos para contratar pessoas para cuidar dela o dia todo indefinidamente. Mas ela nunca se casara e não tinha filhos. Adicione a possibilidade da demência. Parecia ser a coisa certa a fazer.

O médico de Ruth também a apoiou. Ele estava bem familiarizado com sua filosofia e concordara em nunca fazer nada para prolongar sua vida contra sua vontade. A principal preocupação do médico era que ela ficasse confortável.

Incidentalmente, enquanto Ruth estava me explicando tudo isso, ela tirou suas dentaduras e colocou-as num copo de água no criado-mudo e disse: "Não vou precisar mais disso". Isso nos fez rir. Perto do fim, ela faria gracejos como esse.

Passaram-se três dias antes que eu tivesse tempo de visitar Ruth outra vez. Ela tinha recursos suficientes para usufruir de cuidados a curto prazo, em período integral, por isso havia sempre um profissional de saúde na casa assistindo-a. Betty estava por lá frequentemente também. De tudo que sabíamos, nenhum dos trabalhadores pagos percebeu que Ruth não estava comendo. Cada um presumia que a pessoa anterior a tivesse alimentado.

Quando cheguei, vi que Betty tinha colocado um gigantesco aviso na geladeira que dizia: "A Srta. Smith não deseja ser perturbada. Não ofereça comida ou água. Somente se ela pedir". Ruth ficou feliz em me ver e muito grata quando lhe contei que estava definitivamente mais magra.

Disse a Ruth que, em poucos dias, começaria a passar as noites com ela e que logo depois deixaria o trabalho para estar com ela em tempo integral na semana antes do Natal. Mas mesmo tendo prometido, duvidava de que ela sobrevivesse até lá. Ruth já era muito magra de um frugal viver vegetariano de toda uma vida. Eu tinha a romântica noção de que ela teria uma agradável partida de seu corpo em apenas alguns dias. Visualizei-me segurando sua mão, ela me dando o último sorriso e então exalando o último suspiro e entrando no grande Além, com seu espírito estoico e sereno como sempre fora. Mas a vida real não é sempre como nos filmes.

A cada dia quando eu chegava, Ruth estaria deitada na mesma posição: sobre as costas, com a cabeça centrada no travesseiro em perfeito alinhamento. Em ioga, isso é chamado *savasana*, a postura do cadáver. Numa verdadeira *savasana*, você literalmente morre para tudo – para com o que você se identifica, para todas as suas preocupações mundanas. Essa prática de relaxamento consciente, num nível mais profundo, leva você ao que chamo de repouso divino. É uma posição sagrada.

Lembro-me claramente quando Ruth perdeu a voz. Foi no quinto dia. Ela pediu para que eu lesse *Kim*, uma novela de Rudyard Kipling. Como sou holandesa e frequentemente pronuncio as coisas um pouco engraçado, ela sempre corrigia minha pronúncia. Subitamente, percebi que não era mais corrigida. Depois disso, Ruth só podia falar num sussurro.

Passamos muito tempo em silêncio, apenas sentadas juntas. Quando você se senta junto a alguém que está morrendo e segura sua mão, começa sintonizar com o espaço onde a pessoa está. Eu me sentia como se estivesse sentada entre dois mundos. Quando a deixava em casa e saía, estava literalmente dando um passo dentro da corrente da vida.

Sabia que estava observando algo muito sagrado e profundo. Não é comum em nossa cultura ficar na presença de alguém morrendo conscientemente. O corpo é o templo do espírito, mas é, também, somente uma concha. Olhando para Ruth, eu podia ver que ela estava lá ainda; contudo, passei a sentir que sua força vital estava se preparando para partir.

Numa noite, logo antes de sair, ela me chamou. Mesmo com o ouvido bem próximo aos seus lábios, mal podia escutá-la. "Tenho muita sorte em ter amigos como você", ela sussurrou. Ruth pediu para puxar as cobertas até seu queixo e então acrescentou: "Você pode ir a hora que quiser". Demos beijos de despedida várias vezes.

"Tchau, Ruth", eu disse. "Amo muito você".

"E eu amo você", replicou.

Betty ou eu levávamos Ruth ao chuveiro quase todo dia. Ela era, literalmente, um esqueleto, como uma aparição. Eu praticamente tinha que carregá-la até lá. Ela sentava-se no andador e deixava a água quente cair sobre ela. "Oh, a água parece tão boa", ela dizia. "É tão bom ficar limpa".

Ruth tinha desistido da maioria de suas posses terrenas. Seu quarto era como um mosteiro, um santuário. Não tinha nenhuma desordem, era totalmente limpo. Nós abríamos todas as janelas para que ela tivesse ar fresco. Todo dia trazíamos flores frescas. Transformamos seu quarto num espaço sagrado.

No décimo quarto dia, quando Ruth caiu imóvel, tomei sua mão entre as minhas e perguntei como se sentia. Ela não disse nada por um longo tempo. Então sussurrou: "Tenho esperado por isso durante anos". O modo como ela o disse foi muito transcendente e trouxe lágrimas aos meus olhos.

Naquela noite, os olhos de Ruth ficaram vidrados e sem foco. Mas seu coração continuava a bater incansavelmente – a tarefa quase insana e louca de bombear a força da vida através do seu corpo morrendo. À meia-noite, ela começou a se inquietar. Era como se seu espírito estivesse lutando para sair do corpo. Por alguma razão, fiquei com medo. *Por que a carne dela não consegue libertar seu espírito?*, eu imaginava. *Por que ela não pode relaxar e ir embora?*

No décimo sexto dia, na noite do solstício de inverno, eu estava tão exausta que precisei tirar um cochilo em casa antes de me dirigir para a troca de turnos da noite. Betty tinha ligado antes para dizer que precisaria sair por volta de nove horas. Quando acordei, passava das nove, e quando meu namorado, Paul, me levou até lá, eu estava meia hora atrasada e ainda meio adormecida.

Quando abri a porta, tentei me assegurar de que Ruth estivesse dormindo como de costume e não tivesse nem percebido que ficara sozinha. Mas quando entrei, vi que ela não estava na cama. Fiquei gelada, pensando que meu pior receio, o de que alguém a tivesse "salvo" e corrido com ela a um pronto-socorro tivesse se tornado realidade. Quando gritei por Paul, vi que Ruth estava caída ao lado da cama, pendurada de rosto para baixo enrolada nos lençóis. Senti-me muito mal, especialmente porque ela poderia ter estado assim por meia hora. Nós a pusemos de volta à cama, colocamos compressas frias sobre o galo em sua testa e a deixamos o mais confortável possível.

Em pouco tempo, ela começou a se agitar novamente. Eu não sabia se ela estava com dor, mas era como se o espírito dela estivesse tentando sair de seu corpo. Disse adeus a ela e a deixei sozinha com Paul. Como um parteiro, ele segurou sua mão e disse suavemente: "Fique em paz, Ruth, você está indo para um lugar bonito". Íamos vê-la a cada hora. Por volta das quatro da manhã, vi que ela tinha ficado amarela. Acordei Paul e ele acendeu a luz acima dela. Sua cabeça estava perfeitamente centrada sobre o travesseiro. Ele pegou seu pulso e confirmou que ela tinha partido.

Hoje, vinte anos depois, sou grata a Ruth por me oferecer um modelo maravilhoso: ela morreu com dignidade e com todas as suas faculdades intactas. Ajudá-la a morrer me deu profunda consciência da inevitabilidade da morte e o conhecimento de que tudo é transitório, tudo muda. Colocou-me mais em contato com a santidade da vida e da morte e como as duas estão conectadas.

Ruth exerceu tremenda liberdade e inteligência ao escolher a maneira de deixar este mundo. Agora que estou mais velha, compreendo mais completamente como ela foi corajosa. Nesta sociedade, ainda é muito extraordinário morrer assim.

Minha experiência com Ruth também aprofundou minha paixão por ensinar pessoas mais velhas, o que é muito diferente de ensinar alunos mais jovens. Preciso ter mais paciência e ir mais devagar. Não me importo de mostrar a uma pessoa mais velha como praticar uma postura cuidadosamente, com apoios, porque sei que o ioga as vitaliza. Tenho grande satisfação ao ajudar pessoas mais velhas a permanecerem saudáveis e viver tão independentes quanto possível. E a ioga, que nos ensina a viver mais confortavelmente no corpo, também nos ajuda a partir quando a hora chega.

24. Larry Julian

Julian, consultor e palestrante bem-sucedido, é especialista em desenvolvimento de liderança e planejamento estratégico baseados na Bíblia. É autor de dois livros de negócios nacionalmente aclamados God is My CEO: Following *e* Deus é Meu Sucesso: como transformar obstáculos em vantagens. *A missão de Julian é ajudar homens de negócios a integrar seu trabalho e sua fé para serem bem-sucedidos como Deus pretende que sejam. Para mais informações, visite www.larryjulian.com.*

Tenho uma fé forte, mas alguns anos atrás atravessei uma "difícil caminhada pelo deserto". Minha esposa e eu estávamos tentando ter um filho e já tínhamos passado por um aborto. Também nos últimos cinco anos eu não tinha experimentado nada além de fracassos e desencorajamento, tentando conseguir que *God is my CEO* fosse escrito e publicado. Quis desistir uma centena de vezes.

Em novembro de 1998, levei dois golpes que, literalmente, me puseram de joelhos. Tinha ido a Nova York com meu agente vender o livro a importantes editores. Quando cinco editores concordaram em tomar parte de uma rodada de negociações naquela sexta-feira, senti que todas as frustrações estavam chegando ao fim e que o livro seria finalmente escolhido. Mas, no fim do dia, não houve oferta. Senti-me totalmente rejeitado e estava pronto a desistir do livro de uma vez por todas. Então, uma semana depois, nos calcanhares do primeiro desastre devastador, minha esposa teve um segundo aborto. Eu estava em tremenda dor emocional e perguntei a Deus, em grande agonia, por que tudo isso estava acontecendo.

Um dia ou dois mais tarde, eu estava sentado no Café Caribou em Plymouth (Minnesota). Uma grande tempestade estava caindo e chovia pesadamente. Eu amo o clima; sempre fui fanático pelo clima. Mas naquela tarde, em grande desespero, vi algo que nunca vira antes. Sem aviso, as nuvens de tempestade se abriram, a chuva parou e houve um retalho de céu azul com um raio de sol brilhando, como se houvesse um buraco no céu. Em meio à minha tempestade pessoal, eu tinha testemunhado o olho de uma tempestade, uma coisa muito rara de se ver. Foi quase como se o Senhor estivesse falando especificamente comigo, assegurando que tudo ia ficar bem. Foi uma experiência muito, muito poderosa e senti uma tremenda paz cair sobre mim. Isso me levou a um ponto muito mais profundo em minha unidade com Deus.

Nos dois dias seguintes, justamente quando eu mais precisava de conforto e apoio, duas das pessoas mais importantes de minha vida ligaram e perguntaram como eu estava. Vi claramente que tudo isso era uma perfeita ilustração de como o Senhor fala conosco através de circunstâncias e pessoas.

Veio à minha mente um versículo, Romanos 8:18: "Tenho para mim que os sofrimentos da vida presente não têm proporção alguma com a glória futura que nos deve ser manifestada". Agora sei que isso é verdade. Nada é perdido. Sofrer é importante, porque produz esperança e a esperança não desaponta. Quando você sofre, não somente fica mais próximo de Deus em espírito, mas também se torna mais valioso, porque se torna capaz de ajudar outros que estão sofrendo. Agora, como palestrante e autor, ofereço conforto a outros que estão feridos como eu estava. É o que Deus faz; Ele nos ajuda para que possamos ajudar outros.

Dez meses depois, consegui, finalmente, um contrato para o livro. Depois disso, nossa filha, Grace, nasceu. Oito meses depois, na primavera de 2001, levei minha filha ao Ridgedale Mall simplesmente para caminhar com ela e dar um descanso à minha esposa.

Meu livro estava para sair, mas eu não tinha visto uma cópia dele ainda. Enquanto caminhávamos pela Livraria B. Dalton, olhei para cima – e ele estava na vitrine. Nunca vou esquecer aquele momento. Lembro-me de pensar que Deus tinha um grande senso de humor, porque a primeira vez em que coloquei os olhos sobre meu livro foi enquanto estava caminhando com minha filha. Foi como ser abençoado por dois milagres de uma vez. É isso que eu amo no Senhor; Ele sempre cumpre suas promessas.

25. Christiane Northrup, M.D.

A Dra. Northrup, obstetra e ginecologista, é uma visionária internacionalmente conhecida em saúde e bem-estar da mulher. Como médica por mais de vinte anos e ex-professora assistente de obstetrícia e ginecologia do Centro Médico do Maine, a Dra. Northrup é uma importante defensora da medicina e da cura que reconhece a unidade da mente e do corpo, bem como o poderoso papel do espírito humano em criar saúde. Seus livros incluem Corpo de Mulher, Sabedoria de Mulher, The mother-daughter Wisdom *e* A Sabedoria da Menopausa. *Para mais informações, visite www.drnorthrup.com*

Nunca pretendi estudar medicina. Queria ser professora de biologia. Também estava interessada em música. De fato, também me diplomei em música aplicada por meio do Departamento de Harpa do Instituto de Música de Cleveland. Mas, através de uma série de loucuras, acabei na Escola Médica de Dartmouth em Hanover, New Hampshire. Minha experiência tem sido de que o espírito está sempre me levando, embora meu ego não saiba em qual direção.

Embora estivesse na escola de medicina, imaginava, simplesmente, que faria pesquisa e nunca realmente praticaria. Tinha visto minha tia e meu tio, que eram médicos, levarem uma vida na qual eu simplesmente não estava interessada. Estavam sendo constantemente chamados, tinham que nos deixar em todos os natais e jantares de ação de graças, parecia uma maneira ruim de viver.

Então tivemos nossa primeira temporada de obstetrícia e ginecologia. Quando os outros alunos de medicina e eu nos reunimos para assistir a nosso primeiro parto, fiquei tão comovida que comecei a chorar – achei que ia cair no chão soluçando. Por sorte, eu estava na cultura da medicina tempo suficiente para saber que não queria ser vista como uma chorona que perde o controle, especialmente quando pertencíamos às primeiras classes que incluíam um número significativo de mulheres.

Uma das alunas não tinha amarrado apropriadamente o cordão umbilical, e ele se transformou numa minimangueira de incêndio, espalhando sangue por toda sala. Uma enfermeira estava gritando com a aluna, e outra levando rapidamente o bebê dali. Cada célula no meu corpo gritava: *Por que as pessoas não compreendem que este é um momento sagrado? Como se pode gritar com essa aluna? Todos deveríamos estar de joelhos em temor e reverência!*

Assistir àquele nascimento foi um dos momentos mais sagrados de minha vida. Percebi que estar em volta de mulheres dando à luz era tão fácil para mim quanto respirar. Fui atraída por aquela prática como uma mariposa para a luz. Em julho de 1975, comecei minha residência em ginecologia e obstetrícia no Centro Médico Tufts da Nova Inglaterra, em Boston.

Escolhi Boston porque meu marido recebera uma oferta de residência ortopédica na Tufts. No mês de setembro anterior, tínhamos decidido nos casar em maio, um mês antes de eu conseguir meu diploma de médica – em parte porque queríamos fazer nosso treinamento na mesma cidade, e sabíamos que eu teria uma chance maior de conseguir uma posição se pudéssemos dizer ao chefe do programa de obstetrícia e ginecologia que éramos casados e queríamos estar na mesma área. Isso foi na época em que, se você esperava ser levado a sério em sua profissão, não podia dizer ao chefe do departamento: "Bem, quero entrar nesse programa porque meu namorado está indo para esta cidade e quero estar com ele". Simplesmente não adiantaria. Nossas chances seriam maiores se fôssemos casados. Não é segredo que a cultura da medicina não apoiava a vida pessoal de alguém naquele tempo.

Eu adorava meu treinamento em obstetrícia e ginecologia. Tinha tempo de me sentar com minhas pacientes e escutar o que estava acontecendo com sua saúde e com suas vidas. Quando uma mulher tinha um aborto no meio da noite e eu estava lá tomando conta dela, sabia que precisava lidar com sua tristeza. Não era simplesmente uma gravidez anembrionária ou um erro de genes; era a perda de um bebê. Era um hospital católico e muitas das mulheres eram católicas, então algumas vezes batizaríamos os "produtos da concepção", como os chamávamos. Estes, também, se tornariam momentos sagrados. Havia um constante sentido do sagrado da vida acontecendo através da minha prática, mas era num ambiente onde isso nunca era reconhecido e era preciso manter oculto.

Avancemos rapidamente a 1985. Eu estava completamente desiludida com o que estava fazendo. Tinha duas crianças pequenas naquela época e decidi que precisava trabalhar num ambiente que apoiasse o que significa ser mulher e mãe. Então, três colegas e eu abrimos um centro chamado Mulheres para Mulheres em Yarmouth, Maine. Era um modelo do que agora se tornou muito comum: um centro de mulheres dirigido por mulheres. Mas, naquela época, era uma ideia radical. Um médico disse-me: "Oh, meu Deus, você vai ter um centro que assiste mulheres dirigido por mulheres? Não acha que é um pouco desequilibrado?". Estúpido assim.

Mas não demorou muito para que eu percebesse que estávamos tão exaustas quanto no tempo em que os rapazes estavam dirigindo. Estávamos trabalhando horas demais e negligenciando nossa própria saúde. Também suspeitávamos de que uma de minhas colegas tivesse um problema de dependência química. Percebi que tínhamos encontrado o inimigo, e este éramos nós. Tínhamos nos determinado a dirigir nossa clínica de forma diferente, mas aqui estávamos, desequilibradas, desencantadas e doentes, imaginando: *Por que é tão difícil?*

Não podíamos imaginar o que fazer, então nós quatro nos inscrevemos num seminário intensivo de dez dias sobre codependência, liderado por Anne Wilson Schaef, autora de *Women's Reality*. O seminário foi chamado de "Vivendo no Processo", e as pessoas simplesmente sentavam-se em círculo e conversavam sobre o que estava acontecendo em suas vidas. Frequentemente, quando alguém contava uma história particularmente pungente que nos tocava emocionalmente, deitávamos sobre um colchão e deixávamos nossos sentimentos emergirem. Eu me sentia como se estivesse assistindo a um parto outra vez. Esses homens e mulheres choravam, lamentavam ou mesmo esmurravam a parede tanto quanto precisassem. Mas percebi que pareciam mais jovens e melhores quando se levantavam e ficavam também mais saudáveis com o decorrer do tempo. Mesmo assim, estava tão bem treinada em medicina ocidental e no lado esquerdo do cérebro que fui capaz de assistir a tudo aquilo muito objetivamente. Não estava pensando que qualquer coisa daquelas se aplicasse a mim. Simplesmente pensava: *Oh, vocês, pobres pessoas, quanto sofrimento!*

Então fizemos uma intervenção com minha colega. Agora, as três partes de uma intervenção são as seguintes: primeiro, você diz à pessoa o quanto a ama e o quanto ela significa para você; segundo, diz a ela como o comportamento dela está atingindo você; terceiro, diz a ela quais são os limites e o que acontecerá se ela continuar com sua dependência. Então nos sentamos num círculo e eu disse a ela como a apreciava por coisas como ter estacionado meu carro uma vez quando estávamos entrando no hospital; na cultura da medicina daquele tempo, mulheres não apoiavam muito outras mulheres, e ela tinha me apoiado.

Subitamente, comecei a chorar. Na parte "testemunha" da minha mente, via a mim mesma começando a ter um daqueles processos que estivera assistindo durante oito dias e sentindo pena das pessoas por causa disso. Então Anne perguntou: "Você não quer se deitar e ver o que aparece?". Engoli as lágrimas, levantei-me achando que podia resolver aquilo sozinha, e disse: "Não, acho que posso lidar com isto". E Anne olhou para mim e disse: "Você está muito cansada". E então a represa se rompeu e lá fiquei eu caída sobre aquela esteira soluçando incontrolavelmente.

Estava chorando por todas as vezes em que nunca consegui descansar e por todas as vezes em que nunca podia estar com meus filhos. Depois que atravessei todas as minhas questões, descobri-me chorando por todas as vezes em que minha mãe nunca tinha descansado e pela dor que ela tinha sentido ao perder dois filhos. Então estava chorando pela dor de minha avó ao perder sua mãe quando tinha três anos de idade. E então, quando tudo isso estava feito, caí numa inconsciência coletiva que eu chamo de "a dor de todas as mulheres". Quando atingi esse ponto, comecei a fazer aqueles sons que você escuta no Oriente Médio, no Muro das Lamentações – sons primais de dor. Eu não sabia que tinha aqueles sons em meu corpo. E quando continuei, toda a sala começou a soluçar da mesma maneira. Não sei quanto tempo isso durou – uma hora, talvez duas – mas quando acabou, eu sabia exatamente por que tinha escolhido a ginecologia e obstetrícia. Sabia por que tinha nascido. Sabia por que estava fazendo o trabalho que estava fazendo. Era para tomar essa dor coletiva e transformá-la em júbilo. Percebi que o primeiro nascimento o qual testemunhei, e que me comoveu até as lágrimas, teria me levado ao mesmo lugar se eu tivesse me permitido ir por todo o caminho no processo.

Tem havido muitos, muitos momentos de alegria e riso ao longo do caminho, mas sinto que agora, após escrever três livros e atravessar a menopausa, a parte da alegria está só começando. E isso me anima tremendamente.

26. Rachel Naomi Remen, M.D.

A Dra. Remen é professora clínica de Medicina da Família e da Comunidade na Escola de Medicina de São Francisco da Universidade da Califórnia, cofundadora do Programa de Saúde Pública de Auxílio ao Câncer e fundadora e diretora do Instituto de Saúde Pública para o Estudo da Saúde e da Doença. É professora internacionalmente conhecida e autora dos best-sellers do The New York Times: Histórias que curam: conversas sábias ao pé do fogão *e* As Bênçãos de Meu Avô. *Seu curso para estudantes de medicina: "The Healer's Art", é ministrado atualmente em cinquenta e três escolas médicas nos Estados Unidos. Para mais informações, visite www.rachelremen.com*

Quando eu estava perto dos meus quarenta anos, minha mãe, que tinha quase oitenta e cinco, escolheu fazer uma cirurgia de ponte de safena. Tinha tido recorrentes episódios de edema pulmonar e sido levada às pressas para a sala de emergência por várias vezes. A cirurgia foi um esforço heroico de tentar ganhar mais alguns anos, mas foi de alto risco e finalmente malsucedida.

Depois da cirurgia, ela foi levada à UTI coronariana. Durante a primeira semana, ficou inconsciente, correndo risco de morte, respirando por aparelhos. Quando eu me sentava ao lado dela, lembro de me sentir atemorizada por sua vontade de viver e pela capacidade do corpo humano suportar uma agressão tão grande numa idade tão avançada.

Quando ela finalmente recuperou a consciência, estava profundamente desorientada e frequentemente não sabia quem eu era, sua única filha. As enfermeiras me tranquilizaram. Contaram-me que viam esse tipo de coisa frequentemente. Elas a chamavam de psicose de UTI e, conforme explicaram, num ambiente de máquinas apitando e constante luz artificial, pessoas idosas, fora do ambiente familiar, costumam ficar confusas. Apesar de tudo, eu estava preocupada. Não somente minha mãe não me reconhecia, mas ela estava também tendo alucinações. Via coisas se arrastando sobre sua cama e sentia água escorrendo por suas costas.

Embora não parecesse saber meu nome, ela me contava frequente e detalhadamente em especial sobre o passado e sua própria mãe, Rachel, que morrera antes de eu nascer. Eu recebera o nome dela, embora fosse chamada pelo meu nome do meio, Naomi. Minha mãe e meus tios tinham sempre se referido à mãe amorosamente como uma santa, dizendo que "ninguém precisava estar desamparado ou faminto se pudesse bater à sua porta".

Ela contou dos muitos atos de bondade que sua mãe tinha feito sem mesmo perceber que estava sendo boa. "Chesed", disse minha mãe, usando uma palavra hebraica que grosseiramente se traduz como "bondade amorosa". A bondade de minha avó era um elemento central na história de nossa família.

Minha mãe também contou sobre a humildade e a grande experiência de sua mãe, da pobreza e dificuldade da vida na Rússia, que se lembrava de sua infância. Recordou dos abusos e do ódio que a família sofreu nas mãos dos russos e que, enquanto muitos outros tinham respondido com raiva, sua mãe reagira somente com compaixão.

Os dias passaram e minha mãe, vagarosamente, melhorou fisicamente, embora seu estado mental continuasse incerto. As enfermeiras começaram a corrigi-la quando ela as confundia com pessoas do seu passado, ou apontava os pássaros que via voando e cantando em seu quarto. Elas me encorajavam a corrigi-la também, dizendo que era a única maneira de ela voltar à realidade.

Lembro-me de uma visita logo depois que ela saiu da UTI. Eu a saudei e perguntei se sabia quem eu era. "Sim", ela disse calorosamente, "você é minha filha bem-amada". Confortada, decidi sentar na única cadeira no quarto, mas ela me deteve. "Não sente aí", ela disse. Duvidosamente, olhei para a cadeira outra vez.

"Por que não?", perguntei.

"Rachel está sentada aí", ela disse. Voltei-me para minha mãe. Era óbvio que ela, muito claramente, via algo que eu não via.

A despeito do cenho cerrado da enfermeira que ajustava o equipamento intravenoso de minha mãe, fui ao corredor, trouxe outra cadeira e me sentei nela. Minha mãe olhou para mim e para a cadeira vazia que estava perto de mim com grande ternura. Chamando-me pelo meu primeiro nome pela primeira vez, me apresentou à sua visitante. "Rachel", ela disse, "esta é Rachel".

Minha mãe começou a contar à sua mãe sobre minha infância e o quão orgulhosa estava da pessoa que eu tinha me tornado. Foi muito tocante escutá-la, porque minha mãe nunca me dissera isso antes. Minha família não era das que oferecia abertamente muito louvor, mas, em vez disso, encorajava-nos a subir mais alto, a obter mais. Eu sabia que ela estava orgulhosa de minhas realizações. Não sabia o quanto estava orgulhosa de mim como pessoa.

A experiência de minha mãe com a presença de minha avó Rachel foi tão convincente que me descobri imaginando por que não podia vê-la. Foi mais enervante. E muito comovente. Periodicamente, ela parecia escutar e então me contava das reações de minha avó ao que ela lhe tinha dito. Elas falaram de pessoas da família que nunca conheci, exceto por meio de comentários; falaram de pessoas como meu bisavô David e seus irmãos, meus bisa-tios-avós, que eram homens bonitos e grandes cavaleiros. "Demônios", disse minha mãe, rindo e balançando a cabeça em aprovação para a cadeira vazia. Ela explicou à sua mãe por que tinha me dado seu nome, de sua esperança por minha bondade de coração e se desculpou por meu pai, que insistira em me chamar pelo meu nome do meio, que viera do lado da família dele.

Exausta por toda essa conversa, minha mãe deixou-se cair nos travesseiros e cerrou os olhos brevemente. Quando os abriu outra vez, sorriu para mim e para a cadeira vazia. "Estou tão feliz com vocês duas aqui", ela disse. "Uma de vocês me levará para casa". Então cerrou os olhos outra vez e caiu no sono. Algumas semanas mais tarde foi minha avó quem a levou para casa.

Estaria minha avó verdadeiramente naquela cadeira? Não sei. Esse acontecimento pode nunca ser conhecido ou compreendido, mas somente imaginado como mistério. Apesar de tudo, sinto-me grata por ter testemunhado minha mãe dessa maneira e ter algo para imaginar pelo resto da minha vida.

A conversa de minha mãe com minha avó pareceu profundamente confortadora para ela e tornou-se algo que lembrei muitas vezes depois de sua morte, particularmente sua esperança "por minha bondade de coração". Sou uma profissional e não tinha sido bem-sucedida através de "bondade amorosa". Tinha sido uma das poucas mulheres em minha classe na escola médica nos anos cinquenta e uma das poucas no corpo docente da Escola Médica de Stanford nos anos sessenta.

Naquele tempo, a medicina era um campo muito duro e dominado pelos homens que não davam boas-vindas às mulheres. A maneira de ser tratada como uma igual naquele mundo masculino era se tornar tão macho quanto possível. As qualidades humanas mais gentis eram comumente consideradas fraqueza tanto por homens quanto por mulheres. Consequentemente, eu negara e reprimira o lado feminino de minha natureza. Fui bem-sucedida na maneira como a maioria das mulheres era numa profissão masculina naqueles dias: sendo muito, muito boa no que fazia, sendo mais dura e mais esperta e trabalhando muito mais que a maioria.

Tinha lidado da mesma maneira com minha doença de Crohn, a enfermidade debilitante e crônica que desenvolvi em meus anos de adolescência. Lutei para dominar meu corpo e vencer minhas limitações físicas através de teimosia, disciplina, autoabsorção, coragem e certo tipo de ferocidade.

E, embora eu fosse especialista em lidar com limitações e desafios de vários tipos, após a morte de minha mãe vagarosamente cheguei a perceber que, a despeito do meu sucesso, tinha talvez perdido algo de importante. Durante muitos anos, estive me movendo na direção de uma cura pessoal, passo a passo em direção a reclamar meu autêntico *self*. Quando fiz cinquenta anos, comecei a pedir às pessoas que me chamassem de Rachel, meu verdadeiro nome.

27. Peter Russell

> *Russell é um futurista e membro mundialmente renomado do Instituto de Ciências do Intelecto, organização sem fins lucrativos que conduz e patrocina pesquisa sobre a natureza da consciência. É autor de oito livros, incluindo* The Global Brain Awakens, The Consciousness Revolution *e* From Science to God. *Para mais informações, visite www.peterrussell.com.*

Em abril de 2003, eu estava conduzindo um workshop chamado "A Sabedoria dos Golfinhos", no Havaí. Estávamos nadando com golfinhos selvagens próximo à costa de Kona todos os dias. No último dia, muitos golfinhos desceram a costa em grupos de cinco a oito, o que tende a ser o tamanho de sua unidade familiar. Os vários grupos reuniram-se num único grupo de cerca de duas centenas de golfinhos, formando uma baía semicircular.

Quando chegamos à baía, seguindo vagarosamente atrás deles, dez golfinhos se viraram e saltaram duas vezes fora d'água direto em nossa direção na proa do barco. Então voltaram e juntaram-se aos outros.

Todos então entraram na baía. Quando entramos na água junto com eles, estavam ainda agrupados em bandos familiares, mas não estavam nadando. Estavam quase estáticos. A água estava muito clara. Você podia enxergar a uns trinta metros de profundidade.

    Os golfinhos, então, começaram vagarosamente a nadar à nossa volta. Não estavam realmente nadando; era apenas um afundar em espirais vagarosas e finalmente sair de vista. Cinco a dez minutos depois, olhei para baixo e achei ter visto um peixe. Demorou alguns segundos para perceber que não era um peixinho; eram os golfinhos reaparecendo. Eles emergiram outra vez numa espiral e flutuaram em nossa direção. Tomaram ar e todos imergiram outra vez. Esse ciclo se repetiu de seis a oito vezes num período de uma hora ou duas.

    Observá-los foi inesperadamente poderoso e comovente. Senti que era testemunha de um espaço sagrado dos golfinhos. O pensamento que me ocorreu foi que aquela baía poderia ser o equivalente deles a uma catedral na água. Nós humanos construímos catedrais em lugares altos, onde nossas mentes possam voar nas alturas, onde imaginamos que estejam os anjos. Mas o mundo de um golfinho é invertido. Da mesma forma que os seres humanos estão presos ao solo, um golfinho está preso à superfície do oceano, onde precisa manter o contato com o ar. Então, enquanto construímos catedrais para incorporar o grande espaço e a altura, talvez aquela baía fosse uma "estrutura" natural para os golfinhos, incorporando uma grande profundidade.

    Enquanto com os seres humanos a questão é o quão alto podemos voar? Com os golfinhos pode ser o quão profundamente podemos mergulhar? Pode existir algo de sagrado para eles sobre mergulhar nas profundezas. Obviamente, no oceano, eles podem ir tão profundamente quanto queiram. Mas aqui, na baía, eles podem mergulhar profundamente e estar rodeados por um semicírculo de terra. Isso pareceu ser importante porque, com seu sonar biológico, eles podem "ouvir" a terra à sua volta.

    Eles poderiam ter percorrido longas distâncias para se encontrar nessa baía em particular. Poderiam ter feito o que estavam fazendo em qualquer parte. A explicação padrão de um biólogo provavelmente seria: "Eles estão só descansando após uma longa noite de pescaria". Mas não acho que golfinhos viajariam vinte milhas só para descansar; eles descansariam onde estivessem. Tive uma forte intuição de que tinham se reunido como grupo por uma razão específica.

Eu não era o único que sentia isso. Havia doze de nós na água, e quase todos tiveram o mesmo sentimento, de que estávamos testemunhando uma experiência sagrada dos golfinhos. A imobilidade e a paz eram muito poderosas e preciosas.

Acrescentaram-se à serenidade do momento as canções das baleias jubarte ao fundo. Algumas dessas baleias estavam há duas milhas de distância e seus belos sons transmitiam-se por grandes distâncias sob a água. Acreditei que, simplesmente como quando estamos junto à natureza e escutamos o canto dos pássaros, os golfinhos estavam rodeados pelas canções das baleias jubarte.

Subitamente, percebi que estava longe, muito longe do barco. Comecei a sentir certo temor, porque não sou bom nadador. Tinha sido levado por correntezas havaianas antes e quase me afoguei, então tenho muito respeito por elas. Tentando não entrar em pânico, comecei a nadar de volta para o barco, que era agora só uma manchinha sobre a água. Esqueci completamente dos golfinhos. Estava pensando *Tenho que voltar à segurança, voltar para o barco*. Subitamente, os golfinhos apareceram outra vez embaixo de mim. Faziam espirais à minha volta.

Fiquei admirado ao descobrir que todo sentimento de medo e ansiedade instantaneamente evaporou. Frequentemente, quando estou me recuperando desse tipo de reação, a ansiedade se vai gradualmente. Mas neste exemplo, tão logo vi os golfinhos, a ansiedade simplesmente sumiu. Num momento estava lá, no seguinte se fora. Descobri que estava voltando e nadando para longe do barco, seguindo os golfinhos embaixo de mim. A voz em minha cabeça estava dizendo: *Você está maluco! Está longe do barco e da segurança, e sabe como estas correntezas são perigosas. O que está fazendo, nadando com os golfinhos, longe da segurança?* Mas eu sabia profundamente que estava totalmente seguro, que tudo estava absolutamente o.k.. Descobri que essa mudança instantânea e consciente era completamente fascinante. Nadei com os golfinhos por um tempo e, desnecessário dizer, fiz meu caminho de volta com segurança.

Quando chegou a hora de partir, subimos no barco e ligamos o motor. Os golfinhos outra vez pararam o que estavam fazendo, nadaram para o barco, saltando em torno dele e então nos seguiram por um tempo. Estiveram conscientes de nossa presença o tempo todo. Tinham nos dado boas-vindas à sua cerimônia e reconheciam nossa partida. Era o que parecia: como se tivéssemos testemunhado uma cerimônia espiritual executada por outra espécie. Essa é a única maneira de descrevê-la. Foi uma experiência muito mágica e que teve profundo impacto sobre mim.

Tenho nadado com golfinhos selvagens muitas vezes e percebido que, nos dias que seguem, sou modificado. Dois dias depois daquela experiência estava dando uma palestra e percebi um sentimento de liberdade muito diferente enquanto falava. De fato, dei quatro palestras durante a semana seguinte com uma sensação muito diferente. Senti-me muito espontâneo, muito vivo e muito apoiado de algum modo. Tinha o sentimento de que a paz e o sagrado do meu tempo com os golfinhos permaneciam comigo.

28. David Wagner

Wagner, cabeleireiro e estilista internacionalmente aclamado, empresário e "Criador de Dia". É proprietário do Juut Salonspas, o salão Aveda original. Seu livro de sucesso, Life as a Daymaker: How to Change the World Simply by Making Someone's Day, *está gerando um movimento mundial de bondade. Wagner tem trabalhado com a marinha americana no projeto, um programa destinado a aumentar a retenção dos alistados. Para mais informações, visite www.daymakermovement.com.*

Em 1986, eu estava viajando pelo país fazendo shows de cabeleireiro para a Aveda. Num show em Dallas, estava cortando cabelo e brincando com a plateia. Lembro-me de dizer: "Imaginem se tivéssemos a intenção de fazer funcionar o dia dos nossos clientes todos os dias, quanta diversão não teríamos". Não tinha planejado dizer aquilo; foi completamente espontâneo.

Naquela noite, no voo para casa, sentei-me perto de um homem de negócios muito conservador na primeira classe. Lá estava eu com meu cabelo grande, estilo *rock n' roll* e calças de couro. Parecia o vocalista do REO Speedwagon. O homem de negócios olhou para mim e perguntou: "O que você faz? ".

Respondi: "Sou um Criador de Dia".

"Você é o quê?", ele perguntou.

Eu disse: "Sou um Criador de Dia".

Voltou a perguntar: "O que, em nome de Deus, é um Criador de Dia?".

Respondi: "Faço o dia das pessoas".

Foi como cunhei o termo – ele simplesmente apareceu na conversa. Gostei tanto dele que joguei fora meus cartões de visita no dia seguinte e mandei fazer novos com "Criador de Dia" debaixo do meu nome em vez de "Estilista". Comecei a entregá-los às minhas clientes e às pessoas que tinham contato comigo e elas realmente gostaram. Então foi como começou, como uma piada.

Seis meses depois, eu estava trabalhando em meu salão quando uma cliente habitual entrou para fazer o cabelo. Fiquei surpreso ao vê-la porque estávamos justamente no meio do período de cinco semanas entre seus cortes de cabelo. Imaginei que ela deveria ter um importante encontro social naquela noite porque me pediu para arrumar o cabelo além de cortá-lo. "Não, não tenho nada de especial hoje", ela me disse. "Simplesmente quero parecer e me sentir bem esta noite."

Por sorte fui capaz de atendê-la. Estava num ótimo humor naquele dia e realmente "ligado". Fiz uma ótima massagem no couro cabeludo dela, lavei-lhe os cabelos e então a penteei. Conversamos o tempo todo. Rimos, brincamos é entretivemos um ao outro. Quando ela partiu, deu-me um grande abraço que durou um pouco mais que o normal.

Dois dias depois, recebi uma carta dela. Quando comecei a ler, gelei. Ela disse que tinha planejado cometer suicídio naquela noite, e tinha vindo arrumar o cabelo para parecer bem em seu funeral. Disse que mudara de ideia durante o horário em que esteve comigo, que eu a ajudara a perceber que sua vida poderia ser melhor. Ela fora para casa e ligara para sua irmã para contar-lhe o que estava passando, e a irmã a tinha levado ao hospital.

Fiquei estupefato. Se você tivesse feito uma fila com uma centena de clientes minhas e dissesse para escolher aquela que estava considerando tirar sua própria vida, ela estaria no fim da fila. Era gregária, sociável e parecia bem-sucedida. Eu não tinha ideia de que ela estivesse em tal escuridão. Fiquei feliz e embaraçado por ter feito tal diferença, mesmo assim também me senti um pouco intranquilo. Imaginei o que teria acontecido se eu estivesse aborrecido ou distraído quando ela veio, e simplesmente feito o que sempre fazia ao cortar seu cabelo.

Naquele dia, comecei a sentir uma enorme responsabilidade. Quantas das dez a quinze clientes que eu via todos os dias poderiam estar numa crise pessoal e precisando de um pouco de bondade e atenção extra?

Mesmo se fosse apenas uma pessoa por semana, percebi que grande diferença eu podia fazer. Resolvi, a partir daí, tratar toda cliente como tratara aquela mulher.

Hoje, sempre que me apanho pensando somente em minha própria agenda, volto ao momento em que abri aquela carta. O conteúdo me lembra que os dias são feitos de momentos e a maneira como escolho estar neles é o que determinará a qualidade do meu dia, o que, por sua vez, pode afetar a qualidade do dia de outra pessoa. O que significa: se você vai estar lá, esteja lá. Você pode ser o anjo de alguém algum dia, e não pode ter certeza de quando e para quem.

Parte III

Incidentes Reveladores

> "O Universo está cheio de coisas mágicas aguardando pacientemente que nossa capacidade de pensar fique mais aguçada".
>
> Eden Phillpotts

Momentos comuns podem levar a extraordinárias revelações. Algo dentro de você inexplicavelmente muda, e você passa a ver um encontro ao acaso, uma conversa incidental ou um ritual de família com outros olhos. A proverbial lampadazinha se acende, tudo entra no devido lugar e a vida faz mais sentido.

O crescimento é uma força cumulativa. Cada experiência nova, cada novo pedacinho de conhecimento adiciona um tijolo à ponte entre nossa mente consciente e o inconsciente coletivo. Finalmente, é obtida massa crítica – as estrelas se alinham e somos presenteados com oportunidades de dar o próximo passo em nossa evolução.

"Incidentes Reveladores" está dividido em duas partes. "Momentos que Mudam a Vida" inclui histórias de sonhos, encontros e sincronicidades que levam à transformação e a correções de curso. As epifanias relatadas em "Momentos de Iluminação" incitam a apreciação e a compreensão mais profunda do significado e do propósito da vida.

Momentos que Mudam a Vida

29. Marilyn Diamond

Autora de seis livros e pioneira internacionalmente renomada do viver iluminado, Marilyn Diamond é coautora de Fit for Life, o revolucionário livro sobre dieta e saúde que, em sua época, se tornou o maior bestseller sobre dietas jamais escrito. Ele está na lista dos vinte e cinco livros mais vendidos da história e desde então vendeu milhões de cópias em trinta e oito línguas. Marilyn Diamond e seu marido Donald Schnell mais tarde escreveram Fitonics [7] for Life, uma sequência sobre estilo de vida do Fit for Life. Marilyn pode ser encontrada em leelananda@aol.com.

Donald e eu estávamos passando nosso décimo ano de casamento no sudeste da Flórida, na pitoresca comunidade de Old Naples. Tinha sido nosso projeto de vida por muitos anos e, seguramente, quando chegou a hora, fomos abençoados por encontrar nosso retiro na praia somente a alguns passos da areia. Eu me deliciaria saindo de madrugada a cada manhã para minha caminhada à beira-mar. Meu dia era sempre inspirado pelas brilhantes telas coloridas que o nascer do sol pintava no céu sobre as águas do Golfo do México.

No meu aniversário de cinquenta e sete anos, desci pelo caminho entre dois magníficos imóveis em frente à praia. Sua exuberância, jardins tropicais e gramados pareciam uma completa celebração ao meu lado enquanto eu caminhava em direção à areia. As palmeiras reais e poincianas derramando-se com flores cor de coral e alcançando o branco cristalino da areia era uma visão celestial. Senti-me intoxicada pelo cheiro doce das flores tropicais, da maresia e pela carícia do vento morno em minha pele. Sentindo-me dominada pelo absoluto êxtase de estar viva, tirei as sandálias e atirei os braços para cima em gratidão.

Meus pés nus chutavam punhados de areia morna enquanto eu caminhava para a beira d'água. Parei para olhar um aglomerado de nuvens brancas tornando-se rosadas no horizonte, quando a luz radiante da madrugada começou a inundar o céu. O marulho da água aos meus pés soava como uma risada. Subitamente, bem na minha frente, um pequeno caranguejo pérola saltou das ondas rasas e caminhou sobre a areia.

---

[7] Fitonics – termo cunhado pelos autores e marca registrada nos EUA. Une duas palavras *fit* e *tonics*, respectivamente, *em forma* e *tônico*. (N.T.)

A praia naquela área estava salpicada de montículos que os caranguejos faziam quando emergiam da água e enterravam-se na areia para se proteger das gaivotas. Senti que o minúsculo caranguejo estava naquele tipo de missão, então fiquei imóvel não desejando assustá-lo. Ele congelou e olhou para mim.

Olhei de volta para sua cara hexagonal branco-perolada e os olhos cor de azeviche. Suas múltiplas pernas pareciam cachos dourados de cabelo atrás de sua cabeça. Ele parou como uma estátua, na ponta dos pés como uma bailarina. Eu estava fascinada por esse pequeno ser à minha frente, que claramente estava fascinado por mim também. Aí estávamos nós, um minúsculo caranguejo e eu. Ele era incrivelmente pequeno e delicado e eu podia sentir o seu medo. Brotando do meu coração veio uma profunda compaixão que raramente sentira antes.

"Oh, belezinha", escutei minhas palavras soando suavemente: "Não vou machucar você; eu jamais poderia machucá-lo".

Muito vagarosamente, ele cruzou as duas pernas da frente e se sentou na areia. Eu estava enfeitiçada. Ele era tão incrivelmente belo, como uma criação perfeita. A maneira régia como se colocou à minha frente fez-me sentir como se a deusa do mar estivesse me concedendo uma audiência. Meu coração derreteu-se no tumulto de preciosas memórias que me inundava.

Lembrei-me das visitas anuais de minha avó Ida à minha casa quando eu era pequenina. Ela colocaria seu avental e assaria grandes tortas de maçã de quinze centímetros de altura. Estava sempre disposta a escutar meus problemas e a curar meus pequenos machucados e confusões. Vovó me segurava no colo carinhosamente, e algumas vezes eu chorava lágrimas reprimidas em seu avental cheirando a canela.

Lembrei-me de segurar da mesma maneira meus três bebês e como era maravilhoso beijar suas pequeninas bochechas rosadas e apertar seus dedinhos dos pés contra meus lábios. Pensei no neto que logo iria nascer e praticamente desfaleci de gozo.

Finalmente, vi a mim mesma em meu casamento com Donald, em nosso jardim de rosas em Santa Fé. Enquanto o idoso rabino nos falava de nosso amor eterno e o cantor entoava as sagradas bênçãos hebraicas, o marido que eu vira em meus sonhos de menina começou a soluçar, e eu chorei com ele. Estávamos indescritivelmente felizes. Nossas faces estavam molhadas de lágrimas quando nos beijamos e nossas bocas estavam com gosto de sal.

As fantásticas bênçãos da vida jorraram sobre mim ali parada em frente ao meu pequeno senhor do mar. Senti que ele era meu mestre e eu sua discípula. Aquele momento marcou em mim o nascimento de uma poderosa consciência.

Foi a experiência do *ahimsa* – a filosofia da não violência e da não crueldade que é o fundamento de todas as principais religiões do mundo. Penso no *ahimsa* como um tributo pessoal ao apaixonado desejo de todos os seres vivos de serem livres para continuar vivendo. No íntimo do meu coração, sei que não poderia, outra vez, tolerar ferir outra alma vivente. Esse sentimento colocou em movimento uma poderosa consciência de que a não violência, universalmente praticada como as religiões pretendem, poderia acabar com o sofrimento no mundo. E isso acordou fortemente uma voz divina dentro de mim que sussurrou ao vento para levar a toda a humanidade a mensagem de que devemos honrar a dádiva da vida. Todos nós, em toda parte, temos o direito divino de nascer para a vida em saúde, felicidade e paz.

Eu estava apaixonada por aquele pequenino caranguejo-pérola, e acredito que ele estava apaixonado por mim. Estávamos partilhando a experiência de tirar o fôlego de amar a vida juntos. Naquele exato momento, o grande globo dourado do sol ergueu-se por trás das árvores, banhando-nos em seu sagrado calor, numa celestial luz dourada. Eu sentia como se estivéssemos nos adorando como um só coração, um só amor e um único ser.

O momento adorável em que uma graciosa criatura do mar transmitiu a antiga sabedoria do *ahimsa* estará sempre comigo. Foi depois daquela manhã que comecei a escrever e a falar sobre a relevância da não violência na vida diária. Afinal, o Reino dos Céus está dentro de todos nós, e colheremos o que plantarmos. Quando escolhemos infligir sofrimento aos outros, criamos sofrimentos para nós mesmos.

Aquele inesquecível encontro com um minúsculo caranguejo mudou dramaticamente minha visão sobre os passos práticos que podemos dar como indivíduos para curar a condição do nosso mundo. Daquele dia em diante, comecei a praticar a não violência e a não crueldade como diretrizes para a vida consciente. O amor e o sucesso que essa simples prática espiritual tem trazido à minha vida são as recompensas mais poderosas que já recebi.

30. Jean Houston, Ph.D.

Houston, filósofa internacionalmente conhecida, historiadora cultural, líder de seminários e educadora, tem trabalhado e dado palestras em mais de uma centena de países. Seus 26 livros incluem Jump Time, A Passion for the Possible e A Mythic Life. Através de seus muitos anos de trabalho como especialista em desenvolvimento humano e cultural, Houston, uma protegida da falecida antropóloga Margaret Mead, continuou a desenvolver maneiras revolucionárias de libertar as capacidades latentes em todo ser humano. Ela é a fundadora do campo do talento artístico social, que se concentra no desenvolvimento humano à luz da complexidade social. Para mais informações, visite www.jeanhouston.org.

Meu pai, Jack Houston, um batista agnóstico e descendente de Sam Houston, no Texas, queria se casar com minha mãe, Maria Annuciata Serafina, uma católica nascida em Siracusa, na Sicília. Então papai teve de ir para a escola de instrução religiosa, ensinado por um jovem padre da Catedral de São Patrício, em Nova York. Ele e o padre trocavam piadas em vez de teologia, e finalmente o padre disse: "Oh, Jack, você é mesmo um pagão de nascença. Aqui, vou dar-lhe uma licença de aprendiz para que possa se tornar católico. Mas se tiver filhos, terá que trazê-los ao catolicismo e enviá-los à escola católica".

Meu pai respondeu: "Oh, sim, claro, claro. Só quero me casar".

Bem, no devido tempo, eu nasci. No ano em que fiz cinco anos, meu pai, um escritor de comédia, foi despedido do Bob Hope Show pelo fato de ter agido com "excesso de bom humor", significando que ele provavelmente contou alguma piada sobre Hope e foi mandado embora por um ano ou mais. Com meu pai fora do emprego, logo nos descobrimos vivendo com os pais de minha mãe na parte siciliana do Brooklin – o Brookalina, como a chamava minha avó.

Como meu pai prometeu me enviar a uma escola católica, fui para a São Efraim, no Brooklin. Tudo estava bem, exceto pelo fato de meu pai "atrapalhar" meu catecismo dando-me perguntas mais interessantes para fazer à pobre freirinha da manhã, tais como: "Irmã Theresa, contei minhas costelas e as de Joey Mangiabella e temos o mesmo número de costelas. Fico imaginando, se Deus criou Eva das costelas de Adão, como todos têm o mesmo número de costelas?". Antes que a espantada freira

pudesse responder, eu acrescentava: "Vou provar! Um, dois, três, já!".
E logo em seguida, trinta criancinhas erguiam suas camisetas.

Então havia as perguntas sobre Jesus: "Irmã Theresa, como você sabe que Jesus não estava caminhando sobre rochas debaixo da superfície do mar quando parecia estar caminhando sobre as águas?"; "Irmã Theresa, quando Jesus subiu aos céus, foi porque Deus o encheu de gás hélio?"; e então finalmente, um dia, a questão mais importante, aquela que vem à mente de cada criancinha católica vez por outra. Era uma pergunta tão importante, que a chequei primeiro com Denise Canzineri, que disse: "Sim, tenho pensado sobre isto", e com Joey Mangiabella, que também disse: "Sim, você precisa perguntar isso".

Bem, a madre superiora estava na sala naquele dia. Ergui minha mão e a irmã, que a propósito tinha uma voz bastante anasalada, disse, "Sim?".

Perguntei: "Irmã Theresa" – olhei em volta e todo mundo estava me encorajando – "Jesus alguma vez teve que ir ao banheiro?". Bem, era isso.

A madre superiora saiu voando da sala. E a irmã Theresa, numa grande torrente de raiva, ergueu-se de um salto e gritou com sua voz anasalada: "Blasfêmia, blasfêmia! Sacrilégio e blasfêmia!". Ela foi até sua escrivaninha, arrancou uma folha de papel de um bloco, afixou-a na parede e com tinta nanquim, escreveu em grandes letras: *anos de Jean Houston no purgatório*. Daí em diante, cada vez que eu fazia uma pergunta que não devia, escutava: "Blasfêmia, blasfêmia!", e ela marcava um grande X do quadro. Cada X equivalia a cem anos. No final da primeira série, quando completei seis anos, ela somou tudo: trezentos milhões de anos no purgatório.

Fui para casa soluçando. Lá estava meu pai, datilografando suas piadas. "Qual o problema, criança?", ele perguntou.

Eu disse: "Papai, tenho que ir para o purgatório por trezentos milhões de anos e a culpa é toda sua". E ele começou a uivar de tanto rir.

Ele me apanhou do chão e me colocou sobre o ombro, fez o som de um trem com seus pés e fomos: "Purgatório, purgatório, purgatório, purgatório tu-tu-tu! Abram caminho para o trem especial do purgatório!". Ele desceu as escadas, saiu à rua e passou por nossos vizinhos sicilianos, gritando: "Purgatório, purgatório, purgatório, purgatório, tu-tu-tu!"

Os vizinhos abriam as janelas e gritavam: "Ei, aí vai aquele maluco do Jack", e gritavam de volta algumas palavras em siciliano.

Perguntei: "Para onde estamos indo, papai?".

Ele disse: "Ao cinema, criança. Você acha que tem problemas? Ha! Espere até ver o que fizeram a uma verdadeira santa, espere até ver como amarraram a pobre e velha Bernadete". Então continuamos para o Cine Fortway no Brooklyn, onde o filme em cartaz era *A Canção de Bernadete*. Sentamo-nos perto de uma velha senhora que tinha o peito cheio de medalhas sagradas. O filme começou, e cada vez que Jennifer Jones no papel de Bernadete aparecia, a senhora perto de nós fazia o sinal da cruz e suspirava em siciliano: "Oh, que bela santa!".

Quando a Virgem Maria apareceu à santa numa visão – uma das grandes cenas espirituais no filme –, a pobre velhinha perto de mim continuou fazendo o sinal da cruz e exclamando em siciliano. Subitamente, uma horrível risada como uma mula zurrando encheu o cinema. Ela continuou mais e mais. Estava vindo de meu pai, completamente histérico. "Papai, shhh, esta é a parte sagrada", eu disse. Mas ele estava histérico; mal podia falar comigo e as pessoas continuavam olhando em volta e fazendo sinais malignos para ele. A senhora perto de nós ficava murmurando: "Diablo, diablo!".

Eu lhe pedi outra vez que ficasse quieto, e ele disse, através das gargalhadas: "Você sabe quem está lá na tela fazendo o papel de Virgem Maria? Linda. Nós a conhecemos ano passado naquela festa em Beverly Hills. Linda, Linda Darnell. Com os diabos, eu disse a ela que iria longe!". Ele achou a incongruência entre a vida dela em Hollywood e o papel que ela estava desempenhando absolutamente hilária.

Ele não podia parar de rir, então implorei: "Papai, vá para o banheiro; saia daqui". Ele foi tropeçando pelo corredor, ainda histérico. Quando voltou, estava muito bem-comportado, pigarreando ocasionalmente.

Voltando para casa, eu estava entusiasmada com um propósito. Tão logo chegamos em casa, comecei a caminhar propositadamente em direção à porta da frente e meu pai disse: "Ei, criança, está louca da vida comigo?".

"Sim", respondi.

Ele perguntou: "Bem, onde você está indo?".

Eu disse: "Papai, não quero lhe contar onde estou indo porque você vai rir de mim".

"Não, não, eu prometo", respondeu.

"Oh, sim, papai, você vai rir", disse-lhe. "Você não consegue se controlar."

"Não, não, eu prometo" ele disse outra vez. "Onde você está indo?" Com grande orgulho respondi: "Estou indo ver a Virgem Maria". "Você?" perguntou. "Ei, é uma grande ideia. Vou com você!"

Ele agarrou-me pela mão começou a descer a rua comigo, cantando uma horrível canção que nunca esquecerei: "Estamos saindo ver a Virgem, a maravilhosa Virgem de Lourdes! Vamos nos juntar às multidões e multidões e multidões, às multidões para ver a maravilhosa Virgem de Lourdes!"

Alarmada, eu disse a ele: "Papai, vá embora, e não me siga! Esta é a coisa mais importante que vou fazer em toda minha vida".

Corri de volta para casa e subi ao segundo andar, onde tínhamos um quarto de hóspedes com um armário muito profundo. Não havia roupas no armário porque Chickie, minha cadela, o tinha escolhido como um tipo de maternidade de cachorro, e estava deitada lá cuidando de seus nove filhotes. Tirei os filhotes de dentro do armário e disse: "Chickie, você não pode ficar aí. Sinto muito, mas não quero que a Virgem Maria pise em você". Coloquei-me de joelhos, fiz o sinal da cruz e olhei para as paredes, pensando: *Puxa, isso parece mesmo uma gruta*. E comecei a rezar: "Virgem Maria, por favor, por favor, por favor, apareça no armário, como você fez com Bernadete em Lourdes. Se você quiser, eu lhe darei doce por uma semana. Não, duas semanas, certo? Agora vou fechar os olhos e contar até dez. Quando eu os abrir, você estará aí, certo? Certo".

Fechei os olhos, contei até dez e abri. Nenhuma Virgem Maria. Em vez disso, Chickie estava carregando um de seus filhotes de volta à "gruta". Fiz outra vez o sinal da cruz e disse: "Virgem Maria, desta vez vou desistir de minha comida favorita – galinha com molho de alho e limão e alcachofras recheadas – vou contar até vinte e nove e você estará aí, certo? Certo". Fechei os olhos, contei até vinte e nove, abri os olhos, nenhuma Virgem Maria – mas Chickie tinha trazido mais dois filhotes de volta ao armário.

Comecei a contar números mais e mais altos. E desisti de tudo, quero dizer, desisti de todo o açúcar. Desisti de todas as gorduras. Desisti de tudo exceto de brócolis, que eu detestava. Finalmente, eu disse: "Virgem Maria, talvez você não saiba onde moro. Aqui é a Avenida O. 1404 e Denise Canzineri está pulando corda lá na frente. Acho que você tem que cruzar a ponte do Brooklyn e virar à esquerda. E eu quero tanto ver você e não sei do que mais desistir. Por favor, por favor, venha. Desta vez contarei até 167, e você estará aí, certo?" Certo".

Fechei os olhos e contei muito vagarosamente até 167 realmente vendo-a com os olhos da mente, flutuando através da ponte do Brooklyn e virando à esquerda em direção a minha casa.

Abri os olhos, certa de que ela estaria lá. Nenhuma Virgem Maria. Mas havia Chickie muito contente lambendo todos os nove filhotes. Desistindo, deixei o armário e caminhei para a janela. Simplesmente me sentei lá, totalmente vazia, num estado de sonho. Olhei para baixo e vi meu avô, Prospero Todaro, debruçado tentando arear uma panela junto da figueira do quintal da frente. Olhei para cima e vi um avião voando pelo céu.

E então, aconteceu. Devo ter, em minha inocência, inadvertidamente batido na porta espiritual apropriada, porque subitamente, a chave virou e a porta para o Universo se abriu. Agora, não foi de maneira visual ou auditiva. Não vi ou escutei nada diferente. Tudo o que posso dizer é que subitamente tudo se abriu, e o mundo inteiro ganhou significado. Literalmente, toda a realidade estava lá, e era tudo muito bom, inter-relacionado e se movendo junto – a figueira no quintal, Chickie e seus filhotes, o avião no céu, o céu em si, meus pequenos sapatos estilo boneca, meu lápis vermelho mastigado, o grande estômago do meu avô, o menino pescando no lago que acenou para mim durante uma corrida de trem através do Kansas, a pintura lascada do teto, as sedosas espigas de milho num campo do Texas, e toda a música que sempre houve – tudo estava num estado de ressonância e de proximidade extática. E eu absolutamente sabia que era parte importante desse processo. Em meio a essa epifania, escutei meu pai entrando em casa lá embaixo, rindo. Imediatamente, o Universo inteiro juntou-se a ele e começou a rir – os ratos do campo, os anjos e o arco-íris – tudo estava rindo numa extraordinária espiral de júbilo.

Anos depois, quando li *A Divina Comédia*, lembrei da descrição de Dante de sua grande visão do paraíso: "d'el riso d'el Universo" – *a alegria que faz o Universo girar*. Era o que parecia, aquela incrível risada, aquela unidade jubilosa, aquela grande conectividade de tudo com tudo, aquele companheirismo universal e aquele perfeito e glorioso sentimento de amor. Era o conhecimento da maneira como tudo funcionava – por meio do amor, da alegria e da completa união de tudo com o Todo Que É.

Essa experiência permaneceu comigo por toda a vida. Foi tão profunda que influenciou tudo que tentei fazer e ser. Esse estado de paixão ficou vivo ao longo da minha infância e adolescência. Posso tê-lo quase perdido por um tempo porque me tornei excessivamente educada. Mas sempre que perco contato, ele volta. Foi a experiência mais luminosa e importante da minha vida.

31. Robert Ibrahim Jaffe, M.D.

O Dr. Jaffe é presidente e diretor espiritual da Universidade de Cura Espiritual e Sufismo. Fundou a universidade para ensinar sua síntese compreensiva da cura médica, energética e espiritual a profissionais e leigos que querem curar de maneira completa e sagrada. O Dr. Jaffe, importante curador, professor e guia espiritual, fundou também o Centro Sufi Shadhiliyya, em Napa Valley, Califórnia. Ele é um sufi al-Murrabi a-Ruhi, um líder do mais alto escalão dentro da ordem Sufi Shadhiliyya, e tem dedicado sua vida a criar a paz mundial para levar as pessoas à realidade do amor e da cura divinos. Para mais informações, visite www.drjaffemd.com e www.sufiuniversity.org

Eu estava estudando num *ashram* na Índia em 1983 quando recebi a notícia de que fora aceito na Escola Médica da Universidade de Illinois. Comecei a escola médica como um *sannyasin* indiano, o equivalente a um monge ou outro renunciante espiritual. Descobri, muito rapidamente, que os médicos e enfermeiras de lá não gostavam de ter um cara circulando pelo hospital em mantos alaranjados. Por sorte, quando o ano passou, as pessoas me conheciam e superaram isso.

Meu treinamento na escola médica foi incomum, porque eu não estava simplesmente aprendendo medicina. Estava também aprendendo a cura clarividente e a energética dos chakras na doença. Uma vez que eu tinha um diagnóstico, procuraria fisicamente no campo de energia do paciente e sentiria seus chakras. Eu pensava: *Uau, então é assim a energia de uma gravidez atópica, ou isto é o que acontece nos chakras durante uma insuficiência renal?* Fiquei particularmente fascinado em acompanhar o que acontecia ao sistema de chakras das pessoas quando seus dias na Terra chegavam ao fim.

Chegando ao final do meu primeiro ano de residência, fui transferido para a UTI por seis semanas. Para os médicos, a UTI é a parte mais sofisticada e desafiadora de um hospital. Você precisa de uma profunda compreensão da tecnologia da doença para compreender todas as linhas e monitores ligados às pessoas e imaginar o que está acontecendo dentro delas. Também, tudo acontece rapidamente – você está perpetuamente lidando com códigos azuis e paradas cardíacas. É um lugar muito intenso, em que se tem que lidar constantemente com a morte.

Um dos pacientes era uma jovem no último ano em uma escola secundária ortodoxa judaica em Chicago. Ela tinha uma forma muito rara e agressiva de hepatite crônica e estava morrendo de insuficiência hepática. Quando a vi em seu terceiro dia na UTI, ela estava em coma e todo o seu corpo inchando como um peixe morto. Seu coração estava disparado e a jovem fazia movimentos espasmódicos irregulares em seu estado comatoso.

Fui sentir seus chakras porque queria compreender o que estava acontecendo com ela energeticamente. Mas tão logo coloquei a mão sobre seu corpo, a energia que saiu dela era tão poderosa que senti uma forte câimbra na mão e meus dedos ficaram em forma de garra. Foi tão doloroso que tive, literalmente, de arrancar minha mão de seu corpo. Levou três ou quatro minutos antes que a energia saída dela fosse liberada da minha mão. Nunca tinha lidado com um campo tão intenso de energia negativa. Nos dias que se seguiram, fui cuidadoso e evitei tocar seu corpo. Quando a examinava com meu estetoscópio, deixava-o cair sobre o peito dela em vez de colocá-lo com a mão.

Ela piorava até que alcançou um ponto em que sabíamos que teria somente mais alguns dias de vida. Seus sinais vitais estavam fora de controle. Seu pulso, que deveria estar em torno de 80, era de 150. Sua respiração, que deveria estar em torno de 12 estava entre 40 e 50. Sua temperatura era baixa demais, por volta de 34 a 35 °C. E sua pressão sanguínea, que normalmente deveria ser de 12/8, estava abaixo de 5/0, o mínimo para sustentar a vida.

Quando ela se aproximou da morte, três rabinos ortodoxos que a visitavam regularmente decidiram consultar um importante rabino em Jerusalém. O rabino encontrou uma passagem no Talmude que dizia que a maneira de curar a hepatite amarela era limpar as penas em torno do orifício sexual de uma pomba e então colocar a ave sobre o umbigo da pessoa com hepatite. A passagem dizia que se a pomba morresse, significava que absorvera a doença e era necessário continuar a colocar pombas até que parassem de morrer. Naquele ponto, a doença teria sido absorvida e a pessoa poderia ser curada.

Um dos rabinos pediu ao chefe dos médicos se ele podia trazer pombas dentro da UTI para que a menina pudesse potencialmente ser curada. O chefe dos médicos, que também era judeu e estava muito triste por perder a jovem, concordou. Então os rabinos foram procurar lojas de animais e logo voltaram com uma gigantesca gaiola na qual continha trinta pombos. Disseram preces especiais, limparam o orifício sexual de uma das pombas, e a colocaram sobre o umbigo da menina.

A pomba deu um suspiro e caiu morta. Foi chocante. Estava claro que algo misterioso estava acontecendo. Uma após outra, as pombas continuaram caindo mortas, cada uma demorando um pouco mais para morrer que a outra. A primeira demorou um segundo, a segunda talvez dez e a terceira cerca de um minuto.

Era tão impressionante que fiquei um tanto desconfiado, pensando que o rabino que segurava a pomba fazia algo com ela que eu não podia ver. Perguntei se podia segurar uma pomba sobre a menina, mas foi dito: "Não, você não é rabino, então não tem a permissão de Deus para fazer este tipo de cura". Eu disse a eles que era um *sannyasin*, mas eles responderam: "Não, somente como rabino aceitaríamos esta forma de cura de você".

Então eu disse-lhes: "Posso colocar minhas mãos sobre as suas para sentir o que acontece?". Eles concordaram; então, enquanto estava segurando a pomba sobre a menina, coloquei minhas mãos sobre as mãos do rabino. Tudo o que ele fazia com a pomba era segurá-la. Ele claramente não a estava apertando, empurrando ou matando de qualquer maneira. As pombas estavam morrendo simplesmente pela liberação energética que saía do corpo da jovem.

Isto durou de três a quatro horas. Tinham chegado a dezoito pombas mortas quando o chefe dos médicos entrou abruptamente na sala e disse aos rabinos que eles tinham de sair. Aparentemente o que aconteceu foi que médicos do hospital vieram e confrontaram o chefe dizendo-lhe que se não retirasse as pombas da UTI, onde elas podiam espalhar doenças, iam revogar-lhe a licença. Ele cedeu. Você poderia achar que a ideia de trazer um bando de pombas para curar um paciente teria sido interessante, ou ao menos engraçada para os médicos residentes, mas foi justamente o oposto. Fiquei chocado com o nível de hostilidade.

Os rabinos não protestaram. O que foi a coisa mais estranha. Baixaram a cabeça, pegaram a gaiola e partiram. Não disseram nada; não houve briga. Simplesmente se ergueram e deixaram o hospital.

Depois que os rabinos partiram, percebi uma mudança definida na cor da menina. O amarelado tinha diminuído significativamente, bem como o inchaço. Ela quase parecia saudável outra vez. Cheguei seus sinais vitais e tinham todos se normalizado. Era uma mudança incrível. Mas, naquela noite, algumas horas depois, o coração da menina parou. Tentamos a ressuscitação, mas foi o fim. Realmente acredito que se os rabinos tivessem tido a chance de continuar, ela teria sido curada.

Para mim, foi um momento definitivo na medicina porque aprofundou meu interesse pela cura energética. Vi com meus próprios olhos aquela menina ficar melhor quando a energia negativa deixou seu corpo e matou aquelas aves. Pensei: *Qualquer que seja esse tipo de cura, é a que eu quero aprender.* Decidi, naquela noite, encerrar minha residência em clínica geral e dedicar-me inteiramente a explorar métodos alternativos de cura. Algumas semanas depois, no final do meu primeiro ano de residência, fiz os exames para conseguir meu diploma de médico.

Ironicamente, embora às pombas não fosse permitido salvar a vida daquela jovem, elas, de maneira indireta, salvaram a minha, física e espiritualmente, uns doze anos depois. Como mencionei, o incidente com os rabinos alterou completamente meu modo de curar. Em vez de fazer carreira como cardiologista ou clínico geral, terminei estabelecendo um instituto médico integrado em Sedona, Arizona. Avaliava meus pacientes através de uma combinação de medicina tradicional alopática e diagnóstico áurico, que envolvia a avaliação clarividente de seus corpos etérico, emocional e mental.

Parecia que cada paciente que eu curava enviava outros dois. Logo, eu estava vendo uns duzentos por semana, e minha saúde começou a sofrer consequências. Quando você trabalha com energia, a menos que saiba como limpá-la completamente, pode tomá-la para si. Eu estava ficando muito cansado, muito pálido e tendo dores no peito. Cheguei ao ponto em que simplesmente levantar da cadeira e caminhar até a porta era um grande sacrifício.

Certa manhã, eu estava de pé na frente de um espelho de corpo inteiro enquanto me vestia. Quando você olha num espelho, pode ver sua própria aura. Aconteceu de me virar de lado e ver que meu cordão da vida, que deveria estar ligado profundamente ao meu chakra cardíaco, tinha se "desplugado" do meu coração e pairava a cerca de trinta centímetros de onde deveria estar. Vi o cordão da vida como um rastro de fumaça, como o que você vê sair de um jato quando ele deixa uma trilha no céu. Um curador clarividente pode olhar para essa corrente, determinar o quão rápida ela está aparecendo e estimar assim o tempo de vida da pessoa. Do que vi, sabia que tinha cerca de seis meses de vida. Procurei, imediatamente um médico tradicional, o qual confirmou que eu tinha doença cardíaca avançada.

Tentei curar a mim mesmo, mas nada aconteceu. Sabia que precisava encontrar outra pessoa. Como o coração está essencialmente ligado ao amor, pensei: *Quem pode me curar e me ensinar a amar?* Em poucos dias, alguém apareceu para mencionar que os sufis eram os verdadeiros provedores do amor. Intrigado, investiguei o sufismo e aprendi que o caminho sufi é o caminho do amor e da silenciosa entrega a Deus. É um estilo de vida destinado a entranhar a presença do divino nos aspectos mais mundanos de nossas vidas diárias. Pensei, sim, preciso encontrar um mestre sufi que possa me curar.

Um de meus alunos tinha escutado que Sidi, um mestre sufi muito elevado que vivia em Jerusalém, estava vindo a Santa Fé, que fica a cerca de oito horas de Sedona. Dirigi até lá para encontrá-lo. Tanto quanto eu sabia, ele não tinha nenhum conhecimento de minha chegada. Eu não dissera a ninguém sobre a minha condição cardíaca. Acho que nem minha esposa sabia naquela época.

Tão logo entrei em sua sala, Sidi olhou para mim, fechou os olhos por um momento, abriu-os, e disse: "Tenho uma mensagem de Alá para você".

Perguntei: "Alá, é Deus, certo?".

Ele replicou: "Sim, Alá é o mesmo que Deus".

Perguntei: "Qual é a mensagem?".

Ele respondeu: "Alá quer que você saiba que tem seis meses de vida". Fiquei chocado, porque isso correspondia exatamente à minha estimativa. Ele fechou os olhos outra vez e então disse: "Alá tem outra mensagem para você. Você tem seis meses de vida se não aprender a amar". Suas palavras soaram verdadeiras. De algum modo meu coração tinha se fechado, eu não sabia como amar de maneira profunda.

Perguntei: "Você pode me ensinar?".

Ele disse: "Sim, mas você terá que 'tomar a minha mão' e iniciar-se comigo. E terá que esquecer tudo o que aprendeu e começar de novo. Então poderei ensiná-lo a estar em profundo amor. Está disposto?".

Respondi: "Absolutamente, estou". E naquele momento, ele me iniciou. Instantaneamente, senti meu coração se abrir ao caminho sufi do amor, e tenho estado nele desde então. Mais de duas décadas após me graduar na escola de medicina, viajando pelo mundo e explorando vários tipos de cura, recebi meu grau de mestre curador espiritual dos sufis.

Meu ensinamento hoje é essencialmente o mesmo de Sidi, que é como atravessar as vinte e oito estações sufi do coração. Essas estações progressivamente levam-no a experimentar profundamente mais amor, mais conexão e mais unidade com Deus, até que você finalmente alcance a unidade. E nessa experiência, acontece uma fusão que chamamos realização de Deus. A luz de Deus consome literalmente sua natureza humana, e ela se torna una com a natureza divina. Este foi o processo através do qual Sidi me guiou no primeiro ano do nosso relacionamento. Hoje, meu coração está perfeito; não há nenhum problema.

Em minhas palestras, frequentemente menciono a história das pombas. Os ensinamentos que os rabinos usaram para curar aquela garota vieram do Talmude. Eu diria que hoje, quando trabalho com pessoas, estou naquele mesmo estado. Estou recebendo informação diretamente de Deus e dos anjos sobre como curar alguém usando quaisquer métodos que Ele considere necessário. Mas, o mais importante: o cerne do meu ensinamento é mostrar às pessoas como alcançar estes estados de conhecimento divino e curarem a si mesmas.

Anos atrás, quando perguntei se podia segurar uma das pombas sobre a menina, os rabinos me disseram que eu precisava ser um rabino para ser capaz de curar daquela maneira. Agora entendo o que eles estavam dizendo: "Você deve ser capaz de curar no caminho de Deus". Para fazer isso, precisa aprender a se libertar de toda prisão do ego, atar seu coração primeiro ao serviço de Deus e então ao paciente, e pedir a Deus para usá-lo como seu instrumento de cura. Alá – Deus – sozinho é quem cura, e nós somos Seus canais. Este é o caminho mais alto e mais sagrado da cura e do viver no mundo que já encontrei.

32. Don Jose Luis

Don Jose Luis cresceu num mundo de magia, uma dádiva de sua herança. Seu pai, o professor tolteca Don Miguel Ruiz, autor de Os Quatro Compromissos, *dirigiu seu treinamento na antiga sabedoria tolteca dos povos nativos do sul do México. O que aprendeu foi dado por sua avó, Mãe Sarita, curandeira de fé tolteca que aprendeu a sabedoria de seu avô, Esiquio, um "nagual" tolteca ou xamã. Utilizando seus workshops, baseados na sabedoria tolteca, Don Jose mostra aos participantes como iluminar sua compreensão e caminhar em direção à transformação e à autenticidade. Ele também lidera Jornadas de Poder de cinco dias a magníficos lugares sagrados em países como México, Guatemala e Peru. Para mais informções, visite www.miguelruiz.com.*

Em junho de 2001, dirigi de Malibu a San Diego para uma consulta dentária. No caminho de volta, comecei a sentir uma terrível dor nos olhos quando olhava para o lado. Doía até mesmo olhar pelo espelho retrovisor. Quando cheguei em casa, contei para minha esposa que meus olhos estavam doendo e que iria me deitar. Quando acordei, a dor ainda estava lá e eu não conseguia enxergar. Fiquei muito assustado. Pedi à minha esposa para chamar meu pai e ele disse para ela me levar a uma consulta com minha tia, oftalmologista em Tijuana, e que ele levaria a família para encontrar-me lá. A pressão continuou a aumentar em minha cabeça enquanto nos dirigíamos para Tijuana.

Depois de me examinar, minha tia disse que eu poderia nunca mais enxergar. Comecei a entrar em pânico. Sentia-me muito desesperado. Fui internado em um hospital, onde entrei em profunda meditação, além do som e da visão. Quando minha consciência retornou ao mundo à minha volta, eu estava em paz. Sentia o medo e a piedade dos membros de minha família e sabia que, como o sofrimento deles era uma escolha, eu poderia escolher ser uma grande vítima, presa a um sonho mau, ou um grande guerreiro que aceita a dádiva da vida e tudo o que ela traz. Essa compreensão permitiu que eu me rendesse ao amor e deixasse o medo ir embora. Minha família estava muito preocupada, mas eu sabia que ficaria bem. Eu estava cego, mas terminei por consolá-los. Sabia que mesmo cego, nada poderia tirar meu paraíso. Só tinha que ter fé em mim e em Deus.

Sempre tinha amado olhar nos olhos das pessoas. Podia ver neles um reflexo do amor que eu sentia por elas. Era uma conexão poderosa. Porém, comecei a me desapegar de minha visão, sabendo que ainda podia me conectar aos outros através de minhas mãos, emoções e percepções interiores.

Uma semana e meia depois de perder a visão, sonhei que caminhava num deserto e chegava a uma caverna, nela havia muitos corpos de luz. Com amor, eu disse aos corpos para voar em direção ao Sol. Entrei na caverna e vi muitos demônios. Não fiquei aterrorizado porque sabia que se algo me acontecesse, eu voltaria ao Sol para estar com meu Criador. Elevei-me e disse: "Levem-me ao seu líder". Flutuei para o alto e estava com um grande demônio, o próprio Lúcifer.

Ele olhou dentro dos meus olhos e disse: "Como ousa mandar embora minhas almas e enviá-las para o Sol!".

Respondi: "Você se esqueceu, não é? Elas pertencem ao Sol, eu pertenço ao Sol e você pertence ao Sol". Ele riu com escárnio e então saltou e mordeu meu pescoço. Não fiquei com medo. Eu me rendi. Olhei em volta, perdoando cada momento de minha vida. Podia ver meu próprio eu olhando para mim em total perdão. Depois daquele sonho, fiquei em total rendição. Sabia que podia ser banido e ainda amar, render-me e perdoar a cada momento. A vida é só um sonho, e perdoando e amando aos outros, estamos amando o Criador.

Três dias depois daquele sonho, recuperei a visão. Acordei naquela manhã e pude ver a luz entrando no meu quarto. Foi muito belo – a emoção de ver minhas mãos, de olhar nos olhos de minha esposa, de ver todo o amor e a gratidão que eu tinha pelo mundo. A vida é curta e cada momento é nosso para amar e perdoar, para viver, para não nos deixar ser aprisionados por nossos pensamentos e temores. Todo mundo acredita em mentiras e isso faz o medo crescer. A mentira é que Deus não está dentro de você, que estamos separados Dele. Devemos deixar Deus livre em nós. Essa é a liberdade total. É a verdadeira iluminação – viver seu sonho, viver sua vida e simplesmente ser feliz. É muito bela essa celebração da vida. Este é o sonho de Deus.

33. Dean Ornish, M.D.

> *O Dr. Ornish é fundador, presidente e diretor da ONG Instituto de Pesquisa em Medicina Preventiva em Sausalito, Califórnia. Nos últimos trinta anos, dirigiu a pesquisa clínica demonstrando, pela primeira vez, que mudanças abrangentes de estilo de vida podem começar a reverter a progressão mesmo de doenças coronarianas graves e câncer de próstata, sem medicamentos ou cirurgia. Ele é autor de cinco best-sellers, incluindo os do New York Times: Dr. Dean Ornish's Program for Reversing Heart Disease, Eat More, Weigh Less e* Amor e Sobrevivência. *O Dr. Ornish foi reconhecido como "uma das pessoas mais interessantes de 1996" pela revista People, indicado como uma das cem pessoas mais influentes do mundo no especial sobre medicina alternativa da revista* Time 100 *e escolhido pela revista Life como "um dos 50 membros mais influentes de sua geração". Para mais informações, visite www.ornish.com e www.pmri.org.*

Depois de terminar a escola secundária em Dallas, comecei a estudar na Rice, uma universidade pequena e extremamente competitiva em Houston. Mais da metade dos alunos dessa universidade tinham se graduado em primeiro ou segundo lugar em seu curso secundário, e a maioria agia como se o sucesso acadêmico fosse definir seu patrimônio líquido. E isso aconteceu comigo. Não é surpresa que a Rice também tivesse o mais alto índice de suicídio per capita de qualquer escola do país.

Desde o começo, me preocupei em ir bem o bastante para ser aceito na escola médica. Entrei num círculo vicioso – quanto mais me preocupava, mais difícil era estudar; e quanto mais difícil era estudar mais eu me preocupava. Minha mente estava trabalhando tão rápido que eu não conseguia dormir. Eu me deitava e ficava olhando os ponteiros do relógio girar até de manhã. Num certo ponto, isso aconteceu por cerca de dez dias seguidos.

Ficar privado de sono é o suficiente para tornar qualquer pessoa um pouco maluca, e cheguei ao ponto de não conseguir mais funcionar. Tornei-me profundamente deprimido por duas razões: primeira, achei que era estúpido e uma fraude, que de algum modo tinha levado pessoas tolas a pensar que eu era inteligente, e agora que estava numa escola com uma porção de pessoas realmente inteligentes, era só uma questão de tempo até elas descobrirem que tinham cometido um erro deixando-me entrar lá; e segunda, o que era ainda mais doloroso, tive uma visão espiritual antes de estar pronto para lidar com isso. E aquela visão era: *Nada pode trazer felicidade duradoura*. A combinação daquilo – sentir-se como se nunca fosse corresponder a nada, e mesmo se o fizesse, isso não importaria – foi muitíssimo deprimente.

A pior coisa sobre estar deprimido, em oposição à de estar simplesmente triste ou desanimado, é que você realmente sente que está vendo o mundo claramente pela primeira vez, e todas as outras vezes em que pensou ter sido feliz estava só se iludindo. E daí vem aquele desamparo e o desânimo, pois, não é que você simplesmente se sinta mal hoje, mas é como se sempre tivesse se sentido mal e não pudesse fazer nada a respeito. Esta é a verdadeira depressão e é muito mais comum em nossa cultura do que a maioria das pessoas pode perceber.

Lembro-me muito claramente de um dia – estava sentado em minha aula de química orgânica quando me ocorreu: *Estou com muita dor emocional. Estou muito cansado. Vou acabar comigo e terminar com isso de vez. Então poderei dormir e estar em paz para sempre*. Isso pareceu muito lógico e claro; não conseguia imaginar por que não tinha pensado nisso antes. E na lógica distorcida do momento, uma parte de mim replicou: "Porque você é estúpido, é isso!".

Sempre tinha achado que se conseguisse entrar na escola médica, me formar, ganhar muito dinheiro, me casar e ter filhos, seria feliz. Percebi que essas coisas não iam me trazer felicidade. Lembro-me de estar em meu apartamento e olhar à minha volta todas as posses materiais que supunha que me fariam feliz, e a ideia me pareceu uma piada cruel. Apanhei meu caro aparelho estéreo e o atirei escada abaixo.

Estava muito deprimido e ficando cada vez pior. Estava tão por baixo que tive um caso realmente grave de mononucleose. Fiquei tão doente que não tinha energia para sair da cama. Esta foi minha primeira compreensão de como a mente pode afetar o corpo, e neste caso para pior. Quando meus pais viram o quão doente eu estava, disseram-me para sair da escola e voltar para Dallas, e foi o que eu fiz. Sentia que eu era um completo fracasso. Estava muito ansioso para melhorar; o suficiente para sair e me matar.

Então aconteceu algo que mudou tudo. Minha irmã mais velha, Laurel, vinha estudando ioga e meditação com o renomado mestre espiritual ecumênico, *swami Satchidananda*. Ela se tornara mais feliz, mais calma e deixara de ter enxaquecas. Como um gesto de apoio a ela, meus pais deram um coquetel para o *swami*. Isso era considerado um pouco estranho naquele ano de 1972, especialmente no Texas.

Ele entrou pela nossa porta da frente parecendo um ator vestido de *swami* – tinha uma longa barba branca, olhos compreensivos, brilhantes e pacíficos; estava vestindo uma longa túnica cor de açafrão. Existe um velho ditado: "Quando o aluno está pronto, o professor aparece", e isso foi verdade para mim. Ele concordou em conduzir um *satsang*, ou palestra informal, em nossa sala de estar. Começou dizendo: "Nada pode lhes trazer felicidade duradoura", o que eu já tinha imaginado – exceto que ele estava brilhante e radiantemente feliz, e eu miserável e pronto para me matar.

A segunda metade de sua sentença soou como um clichê da Nova Era, e mesmo assim transformou minha vida: "Ninguém pode lhes trazer felicidade duradoura, mas vocês já a possuíam até a perturbarem". Ele continuou: "Não estando conscientes disso, terminamos correndo atrás de todas as coisas que achamos que vão nos fazer felizes. E no processo, perturbamos a paz, a felicidade e o bem-estar que já teríamos se simplesmente aquietássemos a mente e o corpo o suficiente para experimentá-los".

É um conceito radical, e vai contra tudo o que se aprende em nossa cultura. Toda a indústria de propaganda está baseada na ideia de que se tão somente conseguirmos aquelas coisas fora de nós que supomos faltar, teremos a felicidade. E essas coisas o fazem por um curto espaço de tempo, e isso as torna tão sedutoras. Logo depois é seguido por um "E agora o quê?" porque nunca são suficientes ou "Então o quê?" porque elas não nos oferecem um sentimento duradouro de significado, alegria e paz. De certo modo é ainda mais doloroso conseguir tudo o que você acha que vai fazê-lo feliz e perceber que não é assim – pelo menos antes você ainda acreditava no mito de que a felicidade seria sua se tão somente pudesse consegui-lo. É por isso que algumas das pessoas mais infelizes são frequentemente as mais influentes e poderosas – elas não podem dizer a si mesmas que se simplesmente tivessem um pouco mais de dinheiro, ou um pouco mais de poder, ou um pouco mais de influência, seriam felizes.

De qualquer forma, eu estava com tanta dor emocional e disposto a tentar qualquer coisa. Não foi tanto *o quê* o *swami* disse, mas *quem ele era* e o que encarnava. Fui atingido pela clara luz que enchia a sala, sua plenitude de paz e jovialidade, o brilho em seus olhos e a alegria que dele emanava. Então imaginei: *Bem, deixem-me tentar isso. Sempre posso passar ao plano B e me matar se não funcionar.* Então desisti da minha dieta texana de chili, chalupas e cheeseburgers; passei a me exercitar, meditar, fazer ioga, praticar técnicas de respiração e relaxamento; e fazer mais serviço altruísta. Em alguns dias, comecei a ter um relance do que ele estava falando, e foi o suficiente para me salvar.

Algumas semanas depois, voltei para a escola com uma carga horária mais leve e então fui para o turno de verão fazer o resto dos cursos que tinha perdido. Depois disso, mudei para a Universidade do Texas em Austin e fui tão bem que realmente me formei em primeiro lugar na minha classe, tornando-me o paraninfo da turma. Fui de um ponto a outro do espectro pela diferença em minha intenção. E isso foi parte do paradoxo: a intensidade da vontade que sentia em ir bem nos estudos – para conseguir entrar na escola médica, tornar-me médico e então ser feliz – tinha me estressado tanto que eu não conseguia dormir, não conseguia funcionar. Não conseguia ler uma manchete de jornal e dizer a você dez minutos depois o que dizia. Mas quando me tornei, interiormente, mais resolvido, entendi que quanto menos precisava ser bem-sucedido, menos estressado me sentia. O que me permitiu viver num nível muito mais alto. Paradoxalmente, então, quanto menos eu precisava do sucesso, mais facilmente ele vinha a mim.

Uma vez feita a conexão entre quando me sentia estressado e por que, o estresse tornou-se meu mestre ao invés de meu inimigo. Quando me sentia irritado, temeroso, ansioso ou deprimido, o sofrimento e o estresse me lembravam de que estava procurando paz, alegria e autoestima nos lugares errados. Parei de olhar a dor – tanto física quanto emocional – como punição e comecei a vê-la como informação. Foi uma percepção poderosa. Se eu sentia que não tinha qualquer controle sobre uma situação, se era apenas vítima da má sorte, de um mau carma, maus genes ou mau destino ou o que quer que seja, então o que eu podia fazer? Estava desamparado. Mas se a resposta estava dentro de mim, então eu podia fazer algo a respeito. É por isso que, quando as pessoas perguntavam ao *swami*: "O que o senhor é, hindu?", ele respondia: "Não, sou Undo[8]. Estou tentando ensinar as pessoas como se desfazer dos padrões que causam dano às suas mentes e corpos para que comecem a curar-se. É tudo sobre ter a consciência para identificar e parar de fazer coisas que permitam que sua paz interior seja perturbada.

---

[8] Trocadilho impossível de traduzir entre Hindu, a nacionalidade do mestre, e Undo em inglês, aquele que desmancha, que desfaz. (N.T.)

Conversei com o *swami* quase uma vez por semana por mais de trinta anos. Viajamos juntos pelo mundo e tivemos um relacionamento muito pessoal até o dia em que ele morreu. Ainda hoje pratico seus ensinamentos – é chamado "prática" porque você nunca a domina, simplesmente continua indo mais e mais fundo – o que forma a base do programa de estilo de vida que meus colegas e eu criamos para ajudar as pessoas a parar e reverter a progressão de doenças cardíacas e outras doenças crônicas.

Muitas pessoas se concentram no aspecto nutricional de nosso programa, mas a dieta é, de fato, o aspecto menos interessante. A coisa toda é realmente sobre transformação. Em particular, sobre ajudar as pessoas a usar a experiência do sofrimento como porta para transformar suas vidas. A depressão foi a minha porta; para outros, pode ser um ataque cardíaco, ou um divórcio, um filho que adoece ou algo doloroso e traumático que as pessoas experimentam. E embora você nunca vá a uma pessoa que está sofrendo e diga: "Oh, que maravilha que você tenha essa oportunidade de se transformar" – a resposta apropriada a isso seria um soco no nariz –, sofrer é parte da vida. O tempo todo se faz presente. Se pudermos usar nosso sofrimento como um catalisador para transformar nossas vidas, então isso traz significado ao sofrimento e o torna mais tolerável.

Depois de estudar pessoas com doenças cardíacas, também percebi que seus problemas físicos eram apenas a ponta do *iceberg*; em muitos casos, elas estavam lutando com muitas das minhas velhas questões – depressão, solidão, isolamento e falta de significado na vida. Quando começamos a trabalhar nesse nível e tratamos as dimensões psíquicas, sociais, emocionais e espirituais da doença cardíaca, então a doença física também melhora de maneira que podemos realmente mensurar. Ironicamente, usamos medidas de alta tecnologia, caras, e de última geração para provar o poder destas intervenções pouco tecnológicas, de baixo custo e, de muitas maneiras, antigas.

Se você não tentar tratar o sofrimento num nível mais profundo, é muito difícil motivar as pessoas a fazer e manter qualquer tipo de mudança significativa em sua dieta e estilo de vida, ou mesmo a tomar seus medicamentos. Se você me dissesse antes, quando estava muito deprimido, que eu viveria uma vida mais longa se fizesse isto ou aquilo, eu teria dito: "Você não compreende. Não sei se quero viver mais tempo. Não sei nem se quero viver". Então parte do nosso aprendizado é que oferecer informação de saúde às pessoas é importante, mas geralmente não é suficiente para motivá-las a fazer mudanças duradouras em seu comportamento. Se fosse assim, ninguém fumaria porque todo mundo sabe que não é bom para a saúde. As pessoas fumam ou comem em excesso, usam álcool ou drogas para anestesiar sua dor. Trabalham demais, passam muito tempo na internet ou assistindo televisão para se distrair dela. Costumo perguntar aos meus pacientes por que se engajam em tais comportamentos inadequados e continuo escutando a mesma resposta: "Sabe, Dean, você não percebe. Esses comportamentos não são inadequados. São muito adequados porque me ajudam a atravessar o dia".

O problema é: simplesmente eliminamos, anestesiamos ou evitamos a dor sem escutá-la; é um pouco como cortar os fios de um alarme contra fogo e voltar a dormir enquanto sua casa continua a queimar. O problema só piora porque você não lida com ele. E muito do que fazemos na medicina tradicional do ocidente é como cortar os fios do alarme de incêndio em vez de tratar a causa subjacente.

Mudar é difícil. Mas se você está sentindo dor suficiente, como eu estava nos tempos de faculdade, subitamente a ideia de mudar torna-se mais interessante. E quando as pessoas fazem em suas vidas o tipo de mudança que recomendo, a maioria descobre que se sente muito melhor rapidamente, e isso as faz promover mudanças para simplesmente viver mais e melhor, substituindo o medo da morte pela alegria de viver. E por causa disso, muitas olharão para trás, para os eventos dolorosos, e pensarão como eu: *Não desejo isso a ninguém, mas nunca teria sido motivado a explorar as áreas que fizeram essa profunda diferença em minha vida se não tivesse passado por aquela dor naquele momento.*

Sei que não estaria aqui hoje se não fosse por *swami* Satchidananda e seus ensinamentos. Como outros fizeram a ele, transmitir essa sabedoria é o meu *dharma* agora. Essa sabedoria é parte de todas as tradições espirituais e religiões, uma vez que tenhamos passado por suas diferenças superficiais. Quanto mais experimento a paz interior e o amor que já estão completamente presentes em todo mundo, sou capaz de abrir meu coração mais amplamente à minha esposa e verdadeiro amor, Anne, e a meu filho, Lucas, de maneira que isso tem tornado minha vida mais feliz que qualquer outra coisa que eu pudesse ter imaginado.

34. James Redfield

O primeiro livro de Redfield: A Profecia Celestina, *uma parábola aventuresca sobre uma jornada espiritual ao Peru, foi um fenômeno global. Entre 1995 e 1996, foi o maior best-seller americano no mundo. A sequência:* A Décima Profecia: Aprofundando a Visão, *foi publicada em 1996. Os dois livros combinaram-se para tornar Redfield o maior autor de best-sellers em capa dura no mundo naquele ano. O terceiro livro da série:* O Segredo de Shambhala, *foi publicado em 1999. Redfield também coescreveu o roteiro para a versão em filme de* A Profecia Celestina, *que estreou em abril de 2006. Para mais informações, visite www.celestinevision.com.*

No ano de 1973, eu fazia uma caminhada pelo Parque Nacional das Grandes Montanhas Fumegantes, no lado da Carolina do Norte. Devo ter penetrado profundamente umas duas milhas na floresta, longe de quaisquer rodovias, somente em contato com a beleza da floresta virgem primitiva. Subitamente tive, o que chamo de uma visão do nascimento, uma lembrança das intenções que eu tinha para esta época de vida antes de encarnar no planeta.

A primeira coisa a qual percebi foi que tudo se tornou incrivelmente belo. As coisas ficaram mais profundas, as luzes mais brilhantes e o mundo pareceu tornar-se mais espiritual. As árvores não eram mais só árvores, mas entidades vivas. Senti-me soerguido a uma sabedoria mais elevada e profundamente conectado ao ambiente à minha volta.

A visão começou por mostrar como eu começara a trilhar meu caminho espiritual. Vi-me aos quatorze ou quinze anos, começando a explorar as dimensões espirituais da vida. Estivera lendo Norman Vincent Peale e Ruth Montgomery, avaliando tudo isso, dos efeitos do pensamento positivo ao contato angélico na comunicação com os seres amados que partiram. Então, na faculdade, estudei diferentes religiões e filosofias enquanto me formava em sociologia. Quando revivi essas experiências, percebi que elas estavam me preparando para o que viria.

Então a visão voltou-se para o futuro. Mostrou criativamente *flashes* de tudo o que estava por me acontecer – tudo que eu estava por criar e oferecer ao mundo durante as próximas décadas. Vi a mim mesmo desenvolvendo minha filosofia espiritual e escrevendo livros que ajudariam a despertar pessoas no mundo inteiro para uma espiritualidade mais profunda. Vi que faria pelo menos um filme e daria palestras sobre evolução cultural e desenvolvimento espiritual. Embora essa fosse essencialmente uma visão do meu possível futuro, senti muito mais como uma lembrança do que queria realizar nesta vida.

A visão durou bastante em tempo espiritual porque revivi eventos e experiências muito específicos. Não estava centrada somente no que se supunha que eu entregasse ao mundo, tal visão também me mostrou os passos de crescimento que eu precisava dar para realizá-la. Em tempo real, contudo, durou provavelmente só quatro ou cinco minutos.

Então a visão acabou e eu estava de volta à floresta. Foi uma experiência transcendente, terrivelmente excitante, inspiradora e energizante. Aquele sentimento permaneceu comigo durante uma semana antes de começar a diminuir. Com apenas vinte e um anos, eu nunca tinha escrito nada na vida e comecei a duvidar se o que vira era verdade, se era algo em que eu poderia me tornar ou me tornaria. Imaginei se tudo não era só uma fantasia. Passei os quinze anos seguintes trabalhando como conselheiro de adolescentes vítimas de abuso e emocionalmente perturbados.

Contudo, ao longo dos anos, trabalhei conscientemente para melhorar o modo de me expressar, tanto na escrita quanto no falar em público. Mesmo de volta à escola, senti intuitivamente que deveria aperfeiçoar minhas habilidades nessas áreas, embora, como a maioria das pessoas, tivesse alguma hesitação sobre as minhas qualificações. Pensava: *Quem sou eu para escrever e dar palestras sobre as minhas ideias?* Precisava desenvolver mais autoconfiança e vencer aquela relutância natural que todos temos sobre destacar-se da multidão. Eu também provava meu ponto de vista trazendo tópicos espirituais e me aprofundando em minhas conversas pessoais. Não estava seguro de onde tudo isso estava me levando, mas a memória da minha visão permanecia, e fora muito claramente mostrado que eu precisava fazer essas coisas se fosse realizar algo do que tinha visto.

Então, aos trinta e poucos anos, tudo o que vi começou realmente a acontecer. Quando desenvolvi e refinei a psicologia espiritual que finalmente formaria a base de *A Profecia Celestina*, a memória daquela visão de nascimento foi despertada. Lembro-me de que a visão tinha revelado muito claramente, que eu escreveria e falaria sobre doze visões interiores, embora não tivesse compreendido o que isso significava naquela época. Então, quando escrevi *A Profecia Celestina*, embora nove visões interiores se apresentassem na hora certa para esse livro, sabia que haveria doze no total. Contudo, só tinha uma vaga sensação do que seriam as últimas três.

Quando observava a cultura e minhas próprias experiências, a décima visão interior começou a surgir, e eu sabia que seria o próximo livro. Três anos depois de ter terminado *A Profecia Celestina*, completei *A Décima Profecia*. Três anos depois, terminei *O Segredo de Shambhala*. A décima segunda visão interior parece vir agora, então escreverei mais um livro. Depois disso, devotarei a maior parte do meu tempo a promover e divulgar estas questões.

Tenho agora cinquenta e três anos e é com o fim desta década que a clareza da memória do que vi começa a esmaecer. Estou certo de que será o início de uma aventura completamente nova.

35. Malidoma Patrice Somé

Malidoma, ancião iniciado em sua aldeia de Dano, em Burkina Fasso, África Ocidental, é também curandeiro e adivinho na cultura Dagara. Como representante de sua cultura, tem vindo ao ocidente partilhar as antigas sabedorias e práticas que sustentaram seu povo por milhares de anos. É autor de Water and the Spirit: Ritual, Magic e Initiation in the Life of an African Shaman Ritual; Power, Healing and Community; *e* Healing Wisdom of Africa. *Para mais informações, visite www.malidoma.com.*

Quando os anciãos de minha aldeia se propuseram a me iniciar, minha reação foi: *Por que eu, dentre todas as outras pessoas?* Havia outros na aldeia que eram ótimos curandeiros com fantásticas realizações, e eu não chegava nem perto do nível deles. Tinha sido sempre fascinado pelas tradições da minha cultura, mas, aos quarenta e três anos, considerava-me muito jovem para um ancião. Além disso, vivia na cultura do homem branco e só vinha para casa de vez em quando.

Eles me disseram que, sim, eu vivia no país dos homens brancos, mas todas as vezes que vinha para casa com uma dúzia de brancos da América, da Inglaterra ou da Europa, como fazia frequentemente, eles viam que eu estava fazendo o papel de ponte. Foi através dessa função que se tornou possível perceber que os homens brancos não odeiam nossa tradição, não desprezam nosso ritual – que, de fato, o homem branco gostaria de encontrar em nossa medicina algo que o ajudasse a se curar, algo que pudesse aproximar a cultura dele da nossa.

Portanto, eles podiam ver em meu papel de construtor de pontes algo que combinava com a função de ancião. Estava vivendo em dois mundos e ajudando esses mundos a se aproximarem num círculo de compreensão, um círculo que estava trazendo às nossas tradições o tipo de respeito que eles achavam que a cultura moderna jamais lhes daria.

Era por isso que, cada vez que eu trazia pessoas à aldeia, eles reservavam um tempo de seu horário regular para devotar atenção a esses visitantes. Explicavam que esses brancos só estavam ali por um tempo e, portanto, precisavam voltar com a impressão correta, com a atitude correta.

Suas razões eram convincentes, então concordei em ser iniciado. Embora eu também fosse responsável pela manutenção de três santuários, a responsabilidade primária do conselho de anciãos era assegurar a continuidade da comunidade através da iniciação. Isso requer que cinco anciãos se sentem juntos para considerar vários candidatos. Os candidatos não têm que pedir; são escolhidos e então informados a respeito.

Foi no final da minha iniciação que percebi que chegara a um ponto sem volta. Tinha compartilhado do segredo do conhecimento antigo, e era como se esta informação tivesse penetrado em meu corpo. Muitas coisas sobrenaturais acontecem durante uma iniciação, tão impressionantes que me modificaram completamente.

Uma coisa é ser o sujeito sobre o qual essas coisas mágicas acontecem. Outra é estar no lugar da pessoa que as causa, sabendo como usar os vários ingredientes para abrir os vórtices, ou seja, as portas que levam a outros mundos.

Após minha iniciação, minha psique mudou tão dramaticamente que minha mente não podia mais operar como de costume. Por um tempo, fui muito, muito sério com o "pequeno ser humano que eu era", questionando meu merecimento e minha capacidade de suportar esta preciosa informação. Essas duas questões estavam me preocupando tanto que eu me sentia muito denso e pesado. Parecia muito sério e, provavelmente, embasbacado, como alguém que estivesse permanentemente assombrado.

E então minha iniciação como ancião foi experimentada primeiro como um fardo. Por dois anos, ansiei retornar àquele estado de liderança livre, o tipo que não vem com intensa responsabilidade. Estava me reconciliando com isso enquanto continuava definindo a mim como um coreógrafo livre, simplesmente fazendo o melhor para explicar os valores e tradições espirituais do meu povo.

Minha iniciação levou minha identificação com meu povo a um nível completamente diferente. Eu não era mais só outra pessoa que aconteceu de morar no mundo ocidental e que respeitava a tradição. Agora era oficialmente designado o protetor, o guardião, aquele que mantém a integridade desses valores. Não era mais porta-voz só no ocidente, mas também na tribo e na África em geral. Portanto, tornei-me um homem de dois mundos. Percebi que iria para casa não só para me assegurar que simples rituais fossem seguidos, mas para me juntar aos meus numa tentativa de revisitar os principais dogmas da cultura dos quais o conselho de anciãos se encarregava e se responsabilizava por manter e servir.

As mudanças em minha vida não eram apenas mentais, mas também comportamentais. Não me sentia mais livre para ir aonde quisesse. Não podia mais ser visto em certos lugares que eu considerava "lugares baixos". Não podia mais ir a festas como alguém que precisa de distração. Como mencionei, percebi que me tornava perigosamente sério – sério no sentido de que me sentia limitado, como se estivesse prisioneiro de uma camisa de força, da qual queria me livrar.

Ainda não resolvi essa questão, mas tenho aprendido mais sobre estar comigo, sobre estar isolado e me sentir bem com isso. Isto é parte da razão por que me mudei para Eugene, Oregon. Precisava me ver num ambiente natural, agora meu tempo é amplamente gasto entre a natureza e as árvores.

Também tenho me acostumado a não ir em festas. De fato, percebo certo desconforto interno cada vez que estou me socializando, porque alguma coisa em mim se tornou distante. Não sei mais como desfrutar disso. Houve ocasiões em que fui arrastado a festas e me senti completamente fora de lugar. A única coisa que fico pensando é: *Vá para casa, você não tem nada que fazer aqui*. Não posso dizer de onde vem isso. Talvez seja porque passo tanto tempo sozinho que me esqueci da diversão naturalmente associada a festas, ou talvez alguma coisa que de mim se apoderou e tenha apagado o prazer natural dos eventos sociais.

Contudo, o mais frustrante da minha iniciação é que existem regras e regulamentos impossíveis de se separar. Algo que as pessoas precisam compreender sobre a medicina africana é que ela está intimamente conectada à ciência da natureza. Desse modo, é seguida uma epistemologia não disponível à investigação científica atual. Existem tremendos avanços científicos aguardando na natureza. É por isso que os povos indígenas amam manter a natureza da maneira que é, porque qualquer ruptura pode romper a estrutura de informação nela contida.

Durante a iniciação dos anciãos, uma sequência de "senhas" é revelada, o que torna possível ouvir a voz da natureza e, através dela, chegar a um conhecimento íntimo do que é necessário para realizar algo que os ocidentais veem como sobrenatural ou mágico.

A princípio, eu estava ansioso por partilhar, apresentar, explorar esse conhecimento. Sentia que era meu dever, como ancião e construtor de pontes, mudar a posição da minha cultura e permitir que a parte oculta de sua sabedoria se tornasse visível, palpável, de maneira que capacitasse essa consciência a alcançar o mundo moderno tão profundamente quanto possível – para que o respeito que os anciãos nativos estão conseguindo agora pudesse alcançar o céu, de forma que fossem considerados no ocidente como são na África, da mesma maneira que o ocidente está presente em toda parte.

Sentia fortemente que se era para ser uma ponte, não devia simplesmente concentrar-me em trazer ritual e trabalho de cura para o ocidente, mas também tentar descobrir um modo de disponibilizar ao mundo esta sabedoria, porque ela tinha o poder de transformar a consciência humana. Agora vejo a verdade na ideia de que a redenção do mundo está nas mãos dos nativos.

Já esse juramento de segredo que fiz, é talvez outro dos meus fardos, porque essa sabedoria antiga vem com um tipo de mecanismo embutido de autodestruição, caso a informação seja impropriamente revelada. Pense nisso como um alarme contra ladrões que dispara no minuto em que alguma coisa é dita ou feita que leve à exposição do que somente pode permanecer vivo se permanecer secreto. Se exposto, começa a perder sua vida; e quando começa a perdê-la, o portador da informação que quebrou a regra também estará num estado de grave perigo, não somente de ser exposto ao trauma emocional, mas também ao trauma físico.

Recentemente, tive um remédio colocado em meu corpo como uma rede de segurança. Agora, se chegar muito perto de falar sobre o segredo, começarei a escutar vozes altas em meus ouvidos, as quais me lembrarão de que estou me arriscando. Então o dilema o qual enfrento é que, falando de uma perspectiva ocidental, essa informação a qual deriva da ciência da natureza poderia mudar a vida econômica da tribo inteira, levando-a a se igualar ao estilo de vida ocidental. Em outras palavras, existe nela o suficiente para levar tremenda abundância ao povo que é seu guardião.

E agora tenho conhecimento de várias maneiras poderosas de explodir a consciência ocidental em dimensões paralelas, elevando a consciência moderna ao próximo nível. Essa sabedoria poderia, talvez, tornar a modernidade muito mais consciente da intimidade humana com a natureza e de como essa intimidade pode se traduzir em algo muito substancial para mente, corpo, espírito, e salvadora para a questão da comunidade, da família e o senso de dom inato que as pessoas trazem com elas ao mundo. Partilhando esses dons, o mundo poderia nadar em infinita abundância.

Pessoalmente mantenho profunda esperança de que isso vá acontecer. Não quero me tornar um ancião renegado. Não quero me tornar um alienado. Quero ser o ancião o qual permita que as mentes de meus colegas venham a se expandir o suficiente e possam, no final, ver o mundo da maneira que vejo. E, vendo-o assim, possam compreender por que é tão importante que sua sabedoria se torne uma contribuição à consciência do mundo.

36. Billy Vera

Cantor e compositor, Vera fez sua primeira gravação e escreveu um sucesso para Ricky Nelson ainda adolescente. Em 1985, quatro anos depois que sua banda, Billy Vera and the Beaters, gravou "At This Moment", a canção foi usada como tema da série de TV Family Ties, que levou tanto a música quanto Vera ao estrelato. Também ator consumado, Billy Vera apareceu em numerosos filmes e shows de televisão e é um artista requisitado para trabalhos de narração. Billy Vera and the Beaters se estabeleceu como a banda mais importante de Los Angeles; estrelas de Hollywood e outras celebridades frequentemente assistem a seus shows no sul da Califórnia. Para mais informações, visite www.billyvera.com e myspace.com/billyvera.

Em janeiro de 1979, eu tinha acabado de assinar um contrato de composição e publicação com a Warner Bros. Music Publishing. Estava vivendo em Nova York, joguei tudo que possuía em meu carro e dirigi até Los Angeles. Ed Silvers, o cabeça da Warner, queria que sua equipe escutasse minhas canções para que fossem estimulados a trabalhar no material, então organizei um concerto no escritório dele. Depois de cantar "At This Moment", olhei em volta e lá estava aquele sujeito cínico, empresário durão de gravações, chorando na frente de sua equipe. Então eu soube que tinha algo importante ali.

Depois de me mudar para Los Angeles, procurei Chuck Fiore, meu antigo baixista em Nova York. Decidimos começar uma banda só para ter alguma diversão e conhecer garotas. Foi como nasceu a Billy Vera and the Beaters. Em 1981, assinei um contrato de gravação com a Alfa Records, uma companhia japonesa, e fizemos sucesso naquele ano com "I Can Take Care of Myself". O segundo *single* que lançamos foi "At This Moment", mas o momento foi terrível. A Alfa saiu do negócio e a canção alcançou somente o ponto mais baixo nas paradas. Ficamos sem contrato de gravação pelos cinco anos seguintes, durante os quais me sustentei tocando e atuando em clubes.

Então um dia recebi uma ligação telefônica de um cara que disse ter visto a banda na semana anterior e que produzia *Family Ties*, o programa número dois de televisão no país. Ele disse que queria usar "*At This Moment*" no programa. Não fiquei muito animado porque, de tempos em tempos, canções minhas foram usadas em diferentes programas. Para mim, era simplesmente uma questão de algumas centenas de dólares.

Eu o coloquei em contato com a Warner, que administrava os direitos de licença de minhas músicas. Depois que o programa foi ao ar em setembro de 1985, recebi uma sacola cheia de correspondências da NBC, que dizia: *Ei, as pessoas gostam dessa música. Talvez eu devesse ver se alguma gravadora se interessaria em me deixar regravá-la.* Mas em todo lugar que eu ia, a resposta era não.

Finalmente, um dia eu estava almoçando com Richard Foos, proprietário da Rhino Records, um selo que se especializa em regravar músicas antigas. Contei-lhe a história e ele expressou interesse. Perguntei-lhe: "Quantas cópias você precisa vender para não ter prejuízo no lançamento de um álbum?". Ele disse cerca de duzentas – obviamente tinham despesas mais baixas. Eu disse: "Se eu puder lhe garantir duzentas vendas, e se meu advogado puder facilitar o negócio entre você e a companhia japonesa que possui as gravações principais, você lançaria um álbum contendo 'At This Moment'?".

Ele respondeu: "Certamente, por que não?". Contudo, na ocasião em que conseguimos gravar, tínhamos perdido as reprises de *Family Ties*, então aquilo não deu em nada.

No ano seguinte, fui contratado para escrever três canções para um filme chamado *Encontro às Escuras*, estrelado por Bruce Willis e Kim Basinger. Estava vivendo num predinho e frequentemente via uma velha senhora a qual vivia num apartamento construído do outro lado do pátio. Atrás do meu prédio havia uma confeitaria; costumava encontrar a velha senhora lá e mantínhamos uma relação superficial. Naquele tempo, minha mãe, que estava morrendo de câncer, decidiu me dar um adiantamento de minha herança para que eu pudesse comprar uma casa; ela queria ver seu filho possuir uma casa em vez de pagar aluguel pelo resto da vida.

Dois dias antes de me mudar do apartamento, encontrei com a senhora na confeitaria. Eu disse a ela: "Bem, não vamos mais nos encontrar. Estou me mudando".

Ela respondeu: "Oh, sim, você será muito feliz em sua nova casa". Olhei para ela meio sem graça, porque era uma coisa estranha de se dizer. E continuou: "Você não me conhece, mas sou médium". Eu simplesmente sorri polidamente porque não era um crente nessa matéria. E perguntou: "Você está no *show business*, certo?". Eu disse a mim mesmo: *Bem, esta é uma adivinhação fácil. Todo mundo em Hollywood está no show business ou quer estar.* E disse: "Você escreve canções". E continuou: "Vejo uma canção que você escreveu indo muito além dos seus sonhos mais incríveis".

Respondi: "Bem, tenho três canções aparecendo num filme nos próximos meses".

Ela disse: "Não, vejo isto na televisão". Fiquei olhando para ela, e ela disse: "De fato, é uma canção que você escreveu nove anos atrás. Você não a terminou. Precisou de outro ano para terminá-la".

Bem, a única canção que poderia ser era "At This Moment". Quase sempre completo uma canção em um dia, mas no caso desta, foi exatamente como aconteceu. Tinha começado nove anos atrás, mas não fora capaz de terminá-la. Uma garota que eu tinha começado a namorar tinha me contado como seu namorado anterior reagira quando ela rompeu com ele. Então fui para casa e escrevi os primeiros dois terços da canção do que entendi como o ponto de vista dele. Mas não pude imaginar como terminá-la. Um ano depois, quando ela me deu o fora, eu soube como terminá-la.

Depois de deixar a confeitaria, não pensei mais sobre o que a velha senhora tinha dito. Mas, para minha surpresa, duas semanas depois, em outubro de 1986, *Family Ties* usou "At This Moment" outra vez, no segundo episódio da nova temporada. E, desta vez, a história da canção, menino que perde menina, combinou com a história do episódio, no qual a garota rompe com o personagem de Michael J. Fox. Desta vez, a audiência ficou maluca. A NBC disse que recebeu mais cartas e telefonemas do que em qualquer outro momento da história da rede por causa de uma canção. E, desta vez, tínhamos uma gravação no mercado.

E essa coisa rara aconteceu – houve uma enorme demanda pública. Foi uma boa coisa porque a Rhino, não sendo do negócio de promover ou mesmo lançar gravações atuais, não tinha ideia de como promover uma canção no rádio. Então, sem suborno ou qualquer promoção para tocar, a canção subiu rapidamente para o número um nas paradas de sucesso, e permaneceu umas duas semanas, tornando-se uma das canções mais vendidas do ano.

Eu estava com quarenta e dois anos quando isso aconteceu. Tinha tido dois sucessos nos anos 60, nenhum nos anos 70 e aqui estava eu em 1987, o número um das paradas no país, numa idade em que você nem mesmo é candidato no negócio de gravações; rock'n'roll é coisa de jovem. Não obstante, isso mudou completamente minha vida. Subitamente, eu estava no *The Tonight Show* por nove vezes. Estava em todos os shows que tocavam música popular. Meu sonho de aparecer no *America Bandstand* finalmente se tornou realidade. Até minha carreira de ator decolou, e comecei aparecer em mais filmes e shows de televisão.

Como eu era essa raridade, um agente livre com uma gravação número um, fui assediado pelos presidentes das principais gravadoras. Pessoas que não podiam atender o telefone um mês atrás estavam implorando para assinar comigo. Escolhi a Capitol Records, mas o álbum seguinte fracassou. Quem sabe por quê. Ele pode não ter sido comercial o bastante, ou posso ter sido considerado velho demais para atrair a garotada de catorze anos.

Mesmo assim, agora eu estava dentro do "clube". Era alguém que tinha nome. As pessoas me procuravam para outros tipos de trabalho. Comecei a produzir álbuns para outros artistas como Lou Rawls. Comecei uma carreira de narrador, que continua até hoje. E por causa do meu conhecimento em músicas antigas, comecei a compilar e fazer antologias de regravações destas músicas para a Rhino e outras gravadoras.

Como resultado daquela única gravação, tenho sido capaz de desfrutar de uma boa vida. Frequentemente penso: *Se isso não tivesse acontecido, o que seria de mim?* Estou com sessenta e três anos agora, e tenho visto o que acontece aos músicos quando alcançam essa idade sem uma música nas paradas ou qualquer outro sucesso significativo. Eles disputam e brigam pelo resto de seus dias. Então fui extremamente abençoado, graças àquela única canção.

Momentos de Iluminação

37. Gregg Braden

> *Braden, autor premiado e palestrante internacionalmente renomado, é pioneiro em ligar a sabedoria do nosso passado com a ciência, a cura e a paz do nosso futuro. Depois de prestar serviços como designer sênior de sistemas de computador para a Martin Marietta Aerospace, criar um computador geológico para a Phillips Petroleum e atuar como gerente de operações técnicas para a Cisco Systems, o trabalho de Braden é agora devotado a inspirar a humanidade em construir um mundo melhor. Seus livros incluem* The Divine Matrix, The God Code *e* The Isaiah Effect. *Para mais informações, visite www.greggbraden.com.*

No início dos anos 90, eu vivia no alto deserto do norte do Novo México. Isso foi durante uma das piores secas que o sudoeste dos EUA já teve. Os anciãos dos *pueblos* nativos diziam que, tanto quanto podiam se lembrar, nunca tinham ficado tanto tempo sem chuva.

David, um amigo nativo de um daqueles *pueblos*, me chamou numa manhã de verão e perguntou se eu queria me juntar a ele para visitar um lugar construído por seus ancestrais, onde ele rezaria por chuva. Concordei, e logo estávamos caminhando através de centenas de quilômetros de deserto. Ele me levou a um lugar onde havia um círculo de pedras que me recordou uma roda da medicina. Cada pedra tinha sido colocada com precisão pelas mãos de seus ancestrais longo tempo atrás.

Eu tinha uma expectativa do que achava que veria. Mas meu amigo simplesmente tirou as botas e caminhou com os pés nus para dentro do círculo. A primeira coisa que fez foi honrar seus ancestrais. Então uniu as mãos em posição de prece em frente ao peito, virou as costas para mim e fechou os olhos. Menos de um minuto depois, ele olhou em volta e disse: "Estou com fome. Vamos arranjar alguma coisa para comer".

Surpreso, eu disse: "Achei que você tivesse vindo rezar por chuva". Estava esperando ver algum canto e dança.

Ele olhou para mim e respondeu: "Não. Se eu rezar *por* chuva, ela poderia nunca acontecer". Quando lhe perguntei por quê, ele disse:

"Porque no momento em que você reza para algo acontecer, simplesmente reconheceu, naquele momento, que esse algo não existe – e pode realmente estar negando a própria coisa que gostaria de obter com suas preces".

"Bem, se você não rezou por chuva quando fechou os olhos, o que você fez?".

Ele respondeu: "Quando fechei os olhos, pensei no que sinto depois que muita chuva cai, a ponto de poder enfiar os pés nus na lama de minha aldeia. Senti o cheiro da água da chuva escorrendo pelas paredes de barro de nossas casas. Senti o que se sente quando se caminha por um campo de milho na altura do peito por causa de toda a chuva que caiu. Dessa maneira, plantei uma semente para a possibilidade dessa chuva, e então falei de gratidão e apreciação".

Perguntei: "Você quer dizer gratidão pela chuva que você criou?"

E ele disse: "Não, nós não criamos a chuva. Falamos de gratidão e apreciação pela oportunidade de comungar com as forças da criação".

Essa explicação realmente ressoou em mim porque eu tinha aprendido que a palavra prece não aparece em qualquer tradição antiga. Você não a vê nos Pergaminhos do Mar Morto; não a vê nas paredes dos templos antigos. Prece é uma palavra relativamente recente. A palavra que encontramos é *comungar* ou *comunhão*.

Isso fez perfeito sentido, porque a ciência quântica agora reconhece que um campo de energia inteligente conecta toda a criação e que todos nós estamos em comunhão com ele a cada momento através da linguagem do sentimento. Sentimento é a união do pensamento e da emoção. Quando incorporamos um sentimento, o mundo exterior espelha para nós o que nosso mundo interior criou. Se escolhermos amor, alegria, medo ou raiva, o mundo nos espelha de volta essas mesmas qualidades, porque ele honra os princípios da criação.

David não disse nada disso, é claro. Do ponto de vista dos caminhos antigos, ele simplesmente disse que se sentíssemos como se a prece já tivesse sido atendida, daríamos energia para revelar-se em nossas vidas. Isso implica que quando rezamos para algo acontecer, podemos estar realmente contribuindo para reforçar as próprias condições daquilo que gostaríamos de mudar.

Era início de tarde, então saímos para arranjar algo de comer. Na volta, grandes nuvens negras pairavam sobre as montanhas Sangre de Cristo. Naquela noite começou a chover pela primeira vez em meses.

Choveu durante a noite toda, durante a manhã e a tarde seguintes. No início da noite, liguei para David e disse: "Mas que droga. Não para de chover desde a noite passada. Os campos estão inundados e as estradas estão alagadas daqui até a cidade seguinte. O que está acontecendo?"

Ele ficou em silêncio por um momento, então riu e respondeu: "Essa é a parte da prece que meus ancestrais nunca podiam imaginar".

Passemos ao ano de 1998. Eu liderava uma peregrinação de vinte e dois dias pelas terras altas da China central e do Tibete. Durante esse período, tive a oportunidade de visitar doze mosteiros masculinos e dois femininos. Meu dia no deserto com David tinha deixado uma forte impressão em mim, então fiz a cada monge e monja uma pergunta que me ligava àquele dia e à prece de David.

Nas tradições tibetanas, sempre há uma modalidade de prece que não tem palavras, nenhuma expressão exterior e não se encaixa nos modelos que usamos no ocidente. Então perguntei a um abade: "Vimos vocês rezando doze horas por dia; cheiramos o incenso; escutamos os cânticos, os mantras, os mudras, os sinos e os gongos. Vimos as curas e os efeitos de suas preces no exterior. Mas o que vocês estavam fazendo interiormente?

O abade olhou para mim e respondeu: "Bem, você nunca *viu* nossas preces porque uma prece não pode ser vista. O que você vê são coisas que fazemos para criar as sensações em nossos corpos e os sentimentos daqueles que rezam".

Baseado no que conhecemos agora sobre o campo quântico, as palavras do abade fizeram perfeito sentido para mim. Numa única sentença, ele descreveu esse modo de prece precisamente assim como David partilhara comigo suas tradições havia dez anos. O que os dois estavam dizendo é que sentimento *é* a prece e todos temos a capacidade de comungar diretamente com as forças da natureza à nossa volta. Isso significa que, em vez de nos sentir como observadores impotentes, temos a oportunidade de participar dos eventos enquanto eles acontecem.

Foi a combinação desses dois eventos que confirmou minha crença em nosso papel de procriadores no mundo. Os físicos quânticos estão dizendo agora que é nossa "observação" do mundo à nossa volta que o modifica, o abade estava descrevendo como "observar" o mundo externo partindo de dentro, de um modo que pode realmente trazer mudanças.

Isso significa, conforme cientistas como John Wheeler da Universidade de Princeton estão dizendo agora, que não podemos mais nos ver como observadores passivos, casualmente passeando através do Universo, pois, o ato de estar consciente à criação é um ato de criação em si. E, embora eu compreendesse isso intelectualmente, nunca senti verdadeiramente o significado – até ligar minha conversa com um abade tibetano a uma tarde de verão passada com um amigo nativo-americano.

38. Deepak Chopra, M.D.

O Dr. Chopra, pioneiro da medicina alternativa, combinou as modernas teorias da física quântica com a eterna sabedoria das culturas antigas para mudar a maneira que o mundo vê o bem-estar físico, mental, emocional, espiritual e social. Seus centros Chopra nas cidades de Nova York e Carlsbad, Califórnia, têm como foco aperfeiçoar a saúde e alimentar o espírito humano. Os mais de quarenta e nove livros do Dr. Chopra e mais de uma centena de títulos em áudio, vídeo e CD-ROM foram traduzidos em trinta e cinco línguas e venderam mais de vinte milhões de cópias no mundo todo. Seus livros incluem A Paz é o Caminho; O Livro dos Segredos; As Sete Leis Espirituais do Sucesso; A Realização Espontânea do Desejo; Corpo sem Idade, Mente sem Fronteiras. *Para mais informações, visite www.deepakchopra.com.*

Meu avô e eu éramos muito próximos. Quando eu estava com seis anos, meu avô estava se especializando em cardiologia na Inglaterra. Um dia, ele nos levou ao cinema, ao circo e depois para jantar fora. Naquela noite, ele morreu dormindo. No dia seguinte, foi como se ele tivesse desaparecido. Lembro-me até de, aos seis anos de idade, dizer a mim mesmo: *Um dia vou descobrir o que acontece depois que a gente morre.*

Em janeiro de 2001, meu pai faleceu e tive que ir à Índia cremá-lo. Parte do ritual era banhar seu corpo e untá-lo com óleo. Então o carreguei sobre os ombros, coloquei-o numa pira funerária e acendi o fogo para ter certeza de que seu corpo fosse totalmente cremado. Parte do ritual era também quebrar o crânio com uma vara para ter certeza de que tudo finalmente desaparece. No dia seguinte, você tem que recolher as cinzas, que são pequenos pedaços de osso de um quarto do tamanho e atirá-los no Ganges. Leva cerca de quarenta e oito horas fazer tudo isso.

Nunca me senti tão próximo de meu pai como durante toda esta experiência. Podia sentir sua presença, seu espírito, seu amor e a intimidade que tinha com ele. Experimentei minha vida inteira se desdobrar diante dos meus olhos na tela da consciência – cada conversa que tivemos, cada jogo que jogamos desde a infância. Recordei-me das coisas que ele tinha dito sobre sua infância, seus pais e assim por diante. Foi a experiência mais clara que já tive de eternidade, amor e conexão com o Universo.

Enquanto eu o estava cremando, cerca de duzentos metros adiante estava um grupo de crianças usando o vento causado pelo fogo da cremação para empinar sua pipa. Pude ver nisso o papel da vida e da morte. A pipa era como o símbolo do espírito voando para os céus.

39. Dan Millman

> *Millman, antigo campeão mundial de ginástica, instrutor de artes marciais e professor universitário por três décadas, tem explorado o cerne das tradições espirituais. Sua linha de ação, seminários e treinamentos, apresenta maneiras práticas de viver com um coração pacífico e um espírito guerreiro. Os doze livros de Millman inspiraram milhões de leitores em vinte e nove línguas, e seu trabalho influenciou pessoas de todos os caminhos da vida. Seu primeiro livro:* A Sabedoria do Guerreiro Pacífico, *foi transformado em filme estrelado por Nick Nolte. Para mais informações, visite www.peacefulwarrior.com.*

Numa tarde normal de primavera em 1967, eu estava sentado no meio-fio da Avenida Telegraph, em Berkeley, Califórnia, descascando cuidadosamente uma toranja rosa que acabara de comprar num hortifrúti. Uma hora depois, eu me dirigi, com a ajuda de uma bengala, até o Ginásio Harmon para continuar meu pro grama de fortalecimento e reabilitação. Estava me recuperando de uma fratura muito feia na perna, causada por uma batida de motocicleta meses atrás.

Tinha vinte e um anos de idade e estava começando o último ano de faculdade. Contudo, naquele momento, não estava pensando no passado ou no futuro – estava simplesmente descascando aquela toranja, sentado no meio-fio e, num tipo de imaginar pacífico, assistindo as rodas dos vários carros passarem, percebendo pedaços de lixo sendo soprados pela rua, e a vida estava o.k..

No momento seguinte, aconteceu. Nenhum som, visão ou coro angélico marcou a ocasião – mesmo assim, num instante, minha vida mudou quando olhei para cima e percebi que tudo era perfeito. Esse "perceber" não foi uma visão interior, uma ideia, pensamento, crença ou experiência, mas uma mudança radical da minha visão de mundo, um avanço de percepção não solicitado e não buscado. Esse momento de graça chegou num momento descuidado, no espaço de uma única respiração.

Antes desse estranho e espontâneo despertar na Avenida Telegraph, se eu tivesse ouvido a frase: "É tudo perfeito", poderia ter pensado nela como um bom adesivo de para-choque, mantra ou afirmação. Mas naqueles momentos de abertura, aquela revelação sussurrada me atingiu como um trovão silencioso com a força de um maremoto de verdade, transparente, que transformou a minha vida da água para o vinho.

Nas décadas que se seguiriam, tive várias experiências geradas pelo jejum, práticas espirituais de imersão, contemplação profunda e meditação – criando beatitude, visões interiores sobre a natureza da mente e do Universo, um sentimento de unidade com todas as coisas. Mas nenhuma dessas experiências chegou perto do meu despertar para a certeza de que *tudo era perfeito exatamente como era*.

O ir e vir dos carros – *perfeito*; o lixo sendo soprado pela rua – *perfeito*; minha perna quebrada se curando – *perfeito*; as pessoas caminhando – *tudo perfeito da maneira que é*. Abracei toda a criação como uma mãe abraçaria seu filho.

Se um assaltante tivesse me atacado naquele momento, teria sido absolutamente perfeito – e minha reação também teria sido, qualquer que ela fosse. A vida não tinha mais escolhas "erradas" – cada uma levava à evolução e à sabedoria.

Permaneci consciente de que, enquanto estava sentado no meio-fio, uma guerra estava sendo travada no Vietnã, e pessoas em toda parte estavam experimentando alegria e desespero, vida e morte, prazer e dor. Mesmo assim eu era *incapaz* de ver, pensar, perceber ou imaginar qualquer coisa na criação como menos que *o perfeito processo da vida se desdobrando*. *Sabia* com uma certeza extraordinária que tudo era exatamente como deveria ser e estava acontecendo para nosso supremo bem final.

Existe uma história sobre Sir Lawrence Olivier, a qual conta que, após um desempenho hipnótico e assombroso no palco, ele correu para o vestiário batendo a porta atrás de si. Um amigo foi até lá e disse: "Larry, por que você está tão zangado? O que aconteceu lá fora – o que você fez – foi assombroso!".

"Sim" respondeu Sir Lawrence frustrado: "mas não sei o que fiz nem como fazê-lo outra vez!".

Com a passagem do tempo, a importância da minha realização no meio-fio diminuiu. Eu me esquecia, depois me lembrava, e então esquecia outra vez, como costumamos fazer. Existiram momentos em que ansiei por recapturar a clareza daquela revelação original. Mas como Sir Lawrence, eu não sabia como tinha feito aquilo nem como fazê-lo outra vez. E nada tinha a ver com começar um caminho espiritual, o qual descobri sentado no meio-fio descascando uma toranja. Alguns momentos de luz simplesmente vêm gratuitamente nos tocar, nos curar e nos modificar.

Entretanto, aqueles momentos de profunda perfeição, contudo, continuam a permear minha consciência. Não levo mais eu mesmo ou o mundo tão a sério, não importam quais sejam as circunstâncias. Mesmo quando a montanha-russa sobe e desce e o drama continua, permanece um senso subjacente de tranquilidade e perspectiva.

Minhas palavras podem ofender aos que dizem: "Para você é fácil falar – você era um jovem atleta, um americano bem-sucedido de classe média relativamente confortável. O que dizer das famílias em zonas de guerra, das pessoas desesperadamente enfermas e das mães carregando crianças famintas enquanto você espalha por aí como tudo é *perfeito?*". E esta é uma questão justa e importante.

Existem, realmente, muitas almas necessitando de ajuda e atenção – qualquer um de nós poderia recitar uma lista interminável sobre a injustiça e o sofrimento humano. Considere o provérbio sérvio: "Dois homens olham através das grades da prisão; um vê a lama, o outro as estrelas". Tanto a lama quanto as estrelas, tanto a escuridão quanto a luz existem neste mundo.

Apesar disso, não importa qual seja sua experiência imediata da vida, a psique humana pode mover-se entre duas realidades: a convencional e a transcendental. A realidade convencional é compreendida por meio da matéria da consciência do dia a dia e das dualidades da vida diária, em que a morte é real, em que somos seres separados e acidentes acontecem. Mas quando nossa consciência toca o transcendental, *vemos*, como eu vi naquele meio-fio, nossa vida eterna, a unidade essencial e a inata perfeição num Universo no qual não existem acidentes. Como Einstein compreendeu, "Deus não joga dados com o Universo".

Esse estado de consciência não é simplesmente o domínio do confortável ou da classe média – ele também visita aquelas almas que estão morrendo, aprisionadas e na mais terrível das circunstâncias.

Talvez tenha sido num momento transcendente que Shakespeare escreveu: "O mundo todo é um palco e todos os homens e mulheres meramente atores...". Cada vez que essa consciência vem a mim, sorrio com compreensão e compaixão por todos nós. Lembro-me uma vez mais que a vida é um jogo o qual jogamos como se ele importasse, e que cada momento é sagrado e desenvolve-se perfeitamente como é.

40. Parker J. Palmer

> *Palmer é fundador e parceiro graduado do Centro para a Coragem e Renovação, o qual oferece programas de retiro de longo prazo para ajudar professores, médicos, clérigos e outros a "reunir alma e papel social". Seus livros mais recentes são: A Hidden Wholeness: The Journey Toward an Undivided Life; The Courage to Teach: Exploring the Inner Landscape of Teacher's Life e Let Your Life Speak: Listening for the Voice of Vocation. Para mais informações, visite www.couragerenewal.org*

Há quinze anos, eu estava caminhando através do alto deserto aos pés das montanhas Sangre de Cristo perto de Taos, Novo México, quando fui inundado por uma súbita percepção de que o Universo é completamente indiferente a mim e, ao mesmo tempo, profundamente clemente e compassivo para comigo. Lembro-me de parar e ficar ali simplesmente com aquela revelação por um longo tempo. Tive um sentido simples e silencioso de: *Oh, entendi. Vejo quem sou, onde estou e como me encaixo nas coisas.* Senti alegria e luz, como se meus fardos tivessem sido tirados. Falar sobre esse acontecimento quase o distorce. Existem experiências que vão além das palavras e essa é uma delas.

Não posso dizer que essa experiência mudou a minha vida, mas ela me deu uma lente importante através da qual tenho olhado minha jornada desde então. Alguns anos atrás, eu estava lendo o diário de Thomas Merton no qual ele relata sua grande revelação de que que "tudo é vazio e tudo é compaixão". Pensei, *é isto! É a mesma experiência que eu tive!*

É claro que essa experiência é paradoxal – como podem coexistir indiferença e compaixão? Lembrei-me de um conto hassídico em que o rabino diz a seu discípulo: "Todo mundo precisa de um casaco com dois bolsos. Num bolso, carregue poeira para indicar que você é nada. No outro, carregue ouro para indicar que você é precioso". Livramo-nos da carga do ego auto-obcecado percebendo que somos nada e transcendemos a autodesvalorização percebendo que existe algo de valor decisivo em cada um de nós.

Quando me sinto conectado ao espírito, existe um grande senso de libertação, paz e também de vida e energia. Apesar de pacífico, não existe nada de passivo sobre isso – é um chamado a um engajamento mais profundo com a vida. A experiência espiritual genuína inevitavelmente nos leva de volta ao mundo, eu acho – de volta aos trabalhos do amor, misericórdia e justiça – com nova liberdade, nova clareza e novo poder.

41. Jim Petersen

> *Petersen, analista de televisão para os Timberwolves da NBA de Minnesota, jogou oito temporadas pelo Houston Rockets, Sacramento Kings e Golden State Warriors. Seu melhor ano como profissional foi durante a temporada de 1986-1987 como membro do Rockets, quando atingiu a média de 11,3 pontos por jogo. Jim pode ser encontrado em jpetersen@timberwolves.com.*

Li *Autobiografia de um Iogue* de Paramahansa Yogananda quando estava com os Golden State Warriors, chegando ao fim da minha carreira no basquete. Yogananda fundou uma organização religiosa chamada Self-Realization Fellowship (SRF) em 1920, e seu livro causou tal impressão em mim que decidi ir a um serviço no templo da SRF se alguma vez tivesse a chance.

Em 1993, um ano depois que me aposentei, mudei para San Diego para completar minha graduação em psicologia do esporte na Universidade de San Diego para Estudos Integrativos. Enquanto procurava lugar para morar, me hospedei no Hotel Doubletree.

Num sábado, um ex-colega da NBA chamado Alton Lister veio à cidade para uma visita, e fomos a um treino no The Sporting Club no Hyatt Regency em La Jolla. No vestiário, após o treino, Alton estava se vangloriando de seus ótimos filhos. Eu não era casado e não tinha pretendente naquele tempo, mas disse que se tivesse uma filha, ela me teria na palma de sua mão. Um cara perto de mim, um completo estranho, disse: "Você nem sabe como está certo". Alton e eu ficamos surpresos, mas ele parecia amigável, então conversamos por alguns minutos antes de voltarmos ao hotel.

Na manhã seguinte, fui ao templo da SRF pela primeira vez. Tinha perguntado à gerente-geral do Hotel Doubletree se já tinha ouvido falar da SRF e ela respondeu: "Sim, existe um templo logo ao norte daqui, em Encinitas". Ela expressou o desejo de ir comigo, então seguimos para lá. O irmão Ramananda dirigiu o serviço e foi fenomenal. Ele realmente me inspirou.

Após o serviço, decidimos ir a um restaurante chamado L'Auberge junto à costa, em Del Mar. Entramos e, surpresa, o cara que eu tinha visto no dia anterior, cujo nome era Paul Friedman, estava sentado numa mesa com algumas pessoas. Ele me apresentou, entre outros, a um cara chamado Mike Flynn, conselheiro geral da SRF, e a uma mulher chamada Ophelia, que era assistente de Deepak Chopra.

Paul conhecia tudo sobre os monges da SRF e estava muito ligado à casa-mãe, o quartel-general da SRF, localizado em Mount Washington, em Los Angeles. Depois desse segundo encontro casual, Paul e eu decidimos que precisávamos ser amigos.

Na semana seguinte acontecia a comemoração final do centésimo aniversário de Yogananda. Houve uma grande celebração na casa-mãe, então Paul me levou a Mount Washington com toda a sua família. Eu não conhecia nada sobre a SRF, então Paul tentou me dar alguma ideia sobre quem eram todas aquelas pessoas enquanto nos dirigíamos a Los Angeles.

Paul me contou sobre o irmão Anandamoy, um suíço que fora arquiteto com Frank Lloyd Wright antes de se tornar discípulo direto de Yogananda, a quem os devotos chamavam "Mestre". Paul disse:

"Se você conseguir uma audiência com o irmão Anandamoy, será como encontrar-se com um dos discípulos de Jesus Cristo. Encontrar-se com ele é, em certo sentido, encontrar-se com o Mestre, porque ele foi abençoado por ter estado em sua presença".

Na casa-mãe, entrei na fila para ver o quarto do mestre, que estava isolado por um cordão. Você pode subir, chegar até a porta e olhar dentro do quarto, mas não pode entrar. Muitos devotos se ajoelhavam diante de sua foto, colocada sobre um suporte dentro do quarto. Agora lembrem-se, que neste ponto, que estou só há uma semana em minha experiência na SRF. Eu me considerava um discípulo de Jesus Cristo, então ajoelhar-se na frente desse iogue indiano não me parecia realmente certo.

Depois de ver o quarto do mestre, descemos e começamos a conversar com Paul na varanda, e ele me apresentou ao irmão Anandamoy. Esse encontro foi como um turbilhão para mim. Ali estava eu, sem qualquer conhecimento real sobre a SRF, para visitar a casa-mãe, conhecendo todas aquelas almas abençoadas e conversando com monges que foram discípulos diretos de Yogananda. Fui capaz de conversar com o irmão Anandamoy por quatro ou cinco minutos.

Essa conversa mudou meu coração. Conhecê-lo foi verdadeiramente uma epifania. Ajoelhar na frente do mestre num segundo não fazia sentido e, no segundo seguinte, fazia. Não foi o que o irmão Anandamoy disse. Foi simplesmente estar em sua presença; foi a energia dele, a sua paz. Ele tinha aquele algo especial daqueles que meditam e entregam sua vida a Deus de uma maneira muito real, e eu queria isso também.

Simplesmente apertar a mão do irmão Anandamoy foi transformador. Qualquer que fosse a maneira, ele foi capaz de transferir sua paz a mim. Isso mudou minha vida para sempre.

42. Bernie Siegel, M.D.

O Dr. Siegel, ex-cirurgião cujo livro Amor, Medicina e Milagres *o lançou na vanguarda da revolução mente-corpo-espírito, fundou o grupo de apoio Pacientes Excepcionais de Câncer, perto da sua casa em New Haven, Connecticut. Seus últimos livros são* Love, Magic, and Mudpies, 365 Prescriptions For the Soul *e o livro infantil* Smudge Bunny. *Para mais informações, visite www.berniesiegelmd.com e www.ecap-online.org*

Sempre foi difícil para mim aceitar a história bíblica de Abraão e Isaque, porque a ideia de sacrificar um dos meus filhos era impensável. Bem, dez anos atrás, algumas experiências me fizeram ter uma profunda apreciação daquela história. Estava conversando com uma amiga ao telefone sobre minha agenda de viagens, quando ela perguntou: "Por que você vive uma vida tão ocupada?". Súbita e literalmente entrei num estado de transe e vi a mim mesmo com uma espada na mão, matando pessoas. A mesma coisa aconteceu outra vez um mês ou dois depois, quando estava num avião olhando pela janela. Senti que estava assistindo a um filme em que o papel principal era meu. Eu era um cavaleiro, e meu senhor dissera para matar a filha do vizinho, porque este estava exigindo suas terras. Concordei em fazê-lo por medo, porque seria punido se recusasse. Descobri onde a filha dormia, mas quando entrei no quarto dela com minha espada desembainhada, ela acordou e virou-se para mim. Vi o rosto de minha esposa e, mesmo assim, fui em frente e a matei. Não posso lhe contar o quão emocionante isso foi para mim. Levei a cabeça dela ao meu senhor e disse: "Está feliz agora? Olhe o que você fez!".

E ele respondeu: "Eu não fiz nada; você fez. Se tivesse tido fé em mim, o resultado seria outro".

Muito preocupado com essas visões, busquei ajuda de James Hillman, terapeuta junguiano, cujo nome continuava aparecendo em artigos que eu lia. Como ele vivia em Connecticut, dirigi até lá para vê-lo. Comecei a contar-lhe o que aconteceu e ele disse: "Espere um minuto, você está escutando o que está dizendo? Você continua conversando sobre o Senhor".

Eu disse: "Bem, é o senhor do castelo".

"Não, é mais que isto" ele disse. "É o Senhor". Nós então discutimos a história de Abraão, e quando a reli na Bíblia após a sessão, vi com grande clareza que Abraão não oferecera resistência a Deus, e Isaque não oferecera resistência a seu pai, porque ambos tinham tremenda fé e sabiam que Deus não permitiria que Abraão cometesse um ato tão terrível. A questão-chave era: você está escutando e seguindo um Senhor verdadeiro ou falso? Percebi que quando você segue o Senhor verdadeiramente, tudo o que faz melhora sua vida, e como Abraão, você sentirá a mão de um anjo em seu ombro para impedi-lo de fazer algum mal. Quando você tem fé em seu Senhor, simplesmente diz: "Sim, irei".

Logo depois, tive outro episódio no qual, outra vez, meu Senhor disse para matar a filha do vizinho, e eu disse: "Certo, estou indo".

Mas desta vez senti uma mão sobre o meu ombro, e meu Senhor disse: "Pare. Agora sei que você tem fé, traga-os aqui para que possamos resolver isto". Finalmente, meu Senhor disse que a maneira de resolver a disputa era ter seu filho (como ele agora me chamava por causa da minha fé nele) casado com a filha do vizinho, porque seríamos então uma família e não haveria nada pelo que lutar. E foi isso que me impactou; a maneira de resolver o problema, e realmente qualquer problema no mundo maior, era trazer amor à situação e tornarem-se todos uma família. Era o que eu tinha de aprender. Eu também sabia intuitivamente que minha carreira como cirurgião era uma resposta à minha necessidade de curar com uma lâmina em vez de ferir alguém com ela.

43. Esther M. Sternberg, M.D.

A Dra. Sternberg, autora de The Balance Within: The Science Connecting Health and Emotions, *é chefe da seção de Imunologia Neuroendócrina e Comportamento, no Instituto Nacional de Saúde Mental. É internacionalmente reconhecida por suas descobertas sobre as interações cérebro-imunidade e os efeitos das reações de estresse do cérebro sobre a saúde – a ciência da interação mente-corpo. Reconhecida por seus pares como porta-voz do campo, ela traduz assuntos científicos complexos de maneira altamente acessível, com uma combinação de credibilidade acadêmica, paixão pela ciência e compaixão como médica. Para mais informações, visite www.esthersternberg.com.*

Nos últimos meses da luta de minha mãe contra um câncer de mama, eu estava escrevendo um artigo para a revista *Scientific American* sobre a ciência da conexão mente-corpo. O artigo se concentrava em como a resposta do cérebro ao estresse se comunica e modifica o sistema imunológico e como esse tipo de sinal pode contribuir para a doença, por prejudicar a capacidade do sistema imunológico em lutar contra ela. O artigo era muito acadêmico, muito cuidadoso em não especular ou ultrapassar os limites do que estivesse realmente provado com estudos científicos sólidos.

Escrevi e editei muito daquele artigo num laptop ao lado do leito de minha mãe em Montreal. Eu frequentemente voava de Washington para visitá-la. Ela cochilava muito, e quando acordava conversávamos sobre o que eu estava escrevendo. Minha mãe insistiu muito em que eu não me concentrasse tanto em como o estresse faz adoecer. Ela disse: "E o que dizer da crença? Você tem que colocar alguma coisa aí sobre como as emoções positivas podem ajudar a melhorar".

Argumentei que não tínhamos provas suficientes – isso foi em 1996 – de que a crença tivesse qualquer efeito sobre a saúde. Ela era uma senhora muito determinada e reforçava que eu devia incluir este trecho no que estava escrevendo. Bem, é claro que não fiz isso, porque este não era o ponto para aquele tempo ou o que o meu editor queria.

Foi durante esse período que desenvolvi uma artrite inflamatória. Existe um histórico de artrite em minha família, então não foi uma terrível surpresa, mas acredito que não foi coincidência tê-la desenvolvido naquele tempo em que estava experimentando um tremendo estresse.

Não somente minha mãe estava morrendo, mas eu acabara de me mudar para uma casa nova e de atravessar tempos muito difíceis.

Submeti-me a alguns exames no Instituto Nacional de Saúde – todos os tipos de estudos de biologia molecular sofisticada e radiologia da era espacial para descobrir o que estava causando a artrite. Deveria voltar ao hospital para tentar um tratamento experimental, mas minha mãe morreu e eu o adiei.

Logo após meu artigo ser publicado, solicitaram que eu escrevesse um livro sobre a ciência da conexão mente-corpo pela editora da série de livros da *Scientific American*. Havia pesquisado sobre o tópico por muitos anos, ao mesmo tempo tentando permanecer no caminho acadêmico principal. Nas comunidades acadêmicas, científicas e médicas, o estudo exige muita bagagem, porque tem sido adotado com muito entusiasmo pela cultura popular por milhares de anos, e não existe evidência suficientemente sólida para provar essas conexões.

Era irônico que a ciência da conexão mente-corpo não fosse somente ignorada, mas realmente rejeitada pelas disciplinas-mãe das quais derivava – imunologia, endocrinologia e neurociência. Éramos céticos, não tanto sobre se o estresse podia fazer você adoecer, porque havia muita pesquisa – incluindo uma pesquisa-chave que eu mesma tinha feito – a qual provava a conexão entre a resposta do cérebro ao estresse e a resposta imunológica, mas sobre o outro lado da questão – se acreditar poderia fazer você ficar bem.

Na proposta do livro, meu editor e eu decidimos incluir um capítulo intitulado "O Estresse Pode Torná-lo Doente?", bem como outro chamado "A Crença Pode Fazer Você Ficar Bem?". O plano era menosprezar a noção de que acreditar pudesse fazer você ficar bem, porque não existia pesquisas sólidas que provassem que acreditar particularmente em algo pudesse ajudar a curar uma pessoa.

Quando eu estava escrevendo a proposta do livro em minha nova casa numa tarde chuvosa de março, meus vizinhos da porta ao lado, Tarja e Dean Pappavasiliou, tocaram a campainha para se apresentar, trazendo *moussaka* e vários tipos de deliciosa comida grega. Quando me perguntaram se eu era escritora, respondi: "Acho que sou. Estou começando a escrever a proposta para um livro. Por que perguntam?". Eles disseram que sempre desejaram que um escritor ficasse na casinha que eles tinham em Creta. Eu disse: "Bem, então, sim, acho que vocês poderiam me chamar de escritora". E logo fui com eles passar uns dias em sua casinha, o que se tornou uma experiência transformadora.

A casinha dos Pappavasiliou ficava numa pequenina aldeia isolada chamada Lentas, na costa sul de Creta. Tinha vista para o Mediterrâneo e ficava de frente para a fronteira entre a Líbia e o Egito. Para alcançá-la, era necessário atravessar duas cadeias de montanhas e um vale no meio de Creta.

Era belo ali. Eu nadava todos os dias nas maravilhosas e quentes águas do Mediterrâneo. Todo dia, embora estivesse com dificuldade para caminhar quando cheguei, subia ao topo de uma colina acima da aldeia, onde havia ruínas arqueológicas de um antigo Aesklepion – um templo em honra a Asclépios, o deus grego da cura. Os gregos construíram muitos desses templos, sempre no topo de uma colina com vista para o mar. As pessoas iam lá para serem curadas por meio de sono, sonhos, música, apoio social, muitos amigos, dieta saudável e exercício.

Eu sentava em meio às ruínas e me impregnava da incrível vista do oceano, dos prédios brancos de estuque com ornamentos azuis, e de uma bela buganvília vermelha e rosa. Era o momento mais tranquilo e relaxante. Eu ficava ali durante horas, efetivamente meditando.

Acima do templo há uma igreja bizantina. E acima dela, uma pequena capela grega, onde os aldeões colocam ícones religiosos e velas. Era fresco, escuro e muito tranquilizador sentar-me ali e olhar para o oceano. Eu me sentia muito pacífica. Outra coisa fantástica sobre aquela aldeia era que havia centenas de avós, todas felizes em me alimentar com a maravilhosa e saudável comida grega.

Quando deixei a Grécia dez dias depois, me sentia bem outra vez; já era possível subir facilmente até o templo. Quando voltei para casa, não precisei voltar ao hospital ou de qualquer tratamento experimental. Naquele ponto, percebi que havia muito mais para curar que simplesmente remédios e exames diagnósticos da era espacial. Eles são extremamente importantes, e é claro, eu tinha tomado remédios para ajudar com minha artrite, mas tinha começado a tomá-los meses antes de ir à Grécia e nada tinha me ajudado – até eu cansar e permitir ao meu corpo curar-se.

Comecei a compreender que temos aprendido muito na medicina, sobre como diagnosticar e curar doenças. Mas é necessário mais que avanços em disciplinas médicas para curar verdadeiramente. Você deve considerar o conjunto corpo e espírito. Esses remédios da era espacial não farão seu trabalho tão bem se você lutar contra eles, se continuar a colocar-se em situações estressantes. Você precisa se desligar e combinar esses tratamentos modernos com o antigo conhecimento que está aí há milhares e milhares de anos – práticas como meditação, prece, exercício e apoio social.

Após minha experiência na Grécia, a resposta ao capítulo: "A Crença Pode Fazer Você Ficar Bem?" tornou-se um *sim*. Mesmo se toda evidencia não existisse naquele tempo, 1999, havia certamente o suficiente para começar a juntar as peças do quebra-cabeça e dizer que sim: acreditar e participar dessas atividades saudáveis pode fazer você ficar bem, pode ajudá-lo a se curar. O momento decisivo para mim foi quando comecei a incorporar a ciência que eu fazia com minha experiência pessoal, minha vida pessoal e emocional.

Escrever o livro foi quase como continuar aquela conversa com minha mãe ao lado de sua cama. E minha resposta a ela com o livro foi: *Sim, você estava certa que acreditar pode fazer você ficar bem.*

44. Barbara J. Winter

> *Winter, autora de Making a Living Without a Job and Jumpstart Your Entrepreneurial Spirit, é uma defensora do autoemprego que viaja o mundo encorajando e inspirando pessoas através de seus escritos e seminários a escolher a maneira correta de viver. Sua newsletter, Caminhos Vitoriosos, ajuda leitores a "transformar paixões em lucro" está agora em seu vigésimo primeiro ano. Para mais informações, visite www.barbarawinter.com.*

Numa tarde ensolarada vinte anos atrás, quando minha filha Jennie estava com dez anos de idade, fomos à casa de meus pais em Santa Bárbara, Califórnia, para uma reunião informal de família. Jennie guiava sua bicicleta e eu caminhava logo atrás dela numa pequena ciclovia. Depois de dois quarteirões e na metade da nossa caminhada de uma milha, completamente do nada, uma sensação absolutamente maravilhosa me inundou. Foi um sentimento indescritível de conexão divina e um avassalador sentimento de completa paz. Posso lembrar que me senti cheia de júbilo, como se todos os meus sentidos tivessem sido elevados – a luz do Sol ficou mais brilhante, e eu podia sentir o perfume das flores como nunca senti antes.

Naquele momento, tive também um profundo sentimento de saber que tudo estava, e sempre tinha estado, perfeitamente claro. Esse conhecimento foi tão intenso e tão real que foi quase como escutar uma voz dizendo: *Tudo está bem*. Fiquei tão perplexa que estaquei em meu caminho e simplesmente deixei aquilo fluir através de mim. Foi tudo o que eu já tinha lido sobre experiências transcendentais, do tipo que as pessoas lutam a vida toda para obter, mas eu não tinha compreensão do porquê estava acontecendo ou o que tinha provocado aquilo.

Frequentemente pensamos que experiências místicas são provocadas por um evento extraordinário. E necessariamente não é assim. Elas podem acontecer no meio do que parece muito comum. Eu estava simplesmente sobre aquele feio caminho de bicicletas. Não era o lugar em que você pensaria encontrar o nirvana.

A experiência só durou dois minutos, mas os efeitos dela duraram horas. Chegamos à casa de meus pais e era como se eu estivesse num estado diferente de consciência – estava sentindo tudo de forma diferente. Minha irmã Margaret e eu estávamos jogando *Scrabble*[9], e num dado momento olhei para ela e disse: "Oh, agora vejo por que você é tão boa jogadora de *Scrabble*; você consegue olhar para suas peças e rearranjá-las em sua mente". Ela simplesmente olhou para mim como se aquilo fosse a coisa mais estranha. Mas, subitamente, compreendi que sua maneira de jogar era diferente da minha. Eu estava tendo todos estes *insights* sobre as pessoas à minha volta, pessoas que conhecera toda a minha vida. E isso era muito visível.

Lembro-me de Margaret olhando para mim e dizendo: "Não sei o que você tem, mas quero isso também". Eu estava muito feliz e cheia de paz. Era um estado de graça. É difícil verbalizar o quão intenso e profundo foi.

Pessoas que tiveram experiências similares dizem que pelo resto de suas vidas tentaram voltar a elas, o que nunca fui capaz de fazer, exceto que, desde então, tenho sempre sido capaz de lembrar, em tempos de crise, que tudo estava acontecendo exatamente como devia. E existe um lugar realmente calmo dentro de mim de onde posso vir. Então, embora eu nunca tenha sido capaz de recapturar aquele estado elevado, posso sempre inspirar-me nele.

---

[9] Scrabble é um jogo de tabuleiro em que de 2 a 4 jogadores procuram marcar pontos formando palavras interligadas, usando pedras com letras num quadro com 225 quadradinhos. (N.T.)

45. Victor Lemonte Wooten

Considerado o mais influente baixista desde Jaco Pastorius, Wooten é conhecido por suas gravações solo e turnês e como membro do supergrupo vencedor do Grammy Béla Fleck e os Flecktones. Ele é um inovador na guitarra-baixo, bem como compositor, arranjador, produtor, vocalista e multi-instrumentista talentoso. Seu primeiro romance, The Music Lesson: A Spiritual Search or Growth through Music, está disponível em seu site, www.victorwooten.com

Tenho a sorte de ter crescido com pais muito espiritualizados, ambos provenientes de famílias também muito espiritualizadas. Durante a fase de crescimento de minha mãe, por exemplo, tudo, desde encontrar a terra certa para a fazenda, achar a madeira para construir a casa deles, até o lugar onde realmente construir a casa, era governado pelos sonhos e visões de minha avó.

Minha mãe tinha os mesmos dons. Lembro-me de dirigir com um dos meus quatro irmãos e sermos parados pela polícia porque nosso carro correspondia à descrição do carro de alguém que estavam procurando. Quando o policial viu que estávamos de terno, nos deixou ir. Mas minha mãe, que estava a três horas de distância em outro estado, nos chamou por telefone imediatamente perguntando-nos o que tinha acontecido. Crescemos com esses tipos de história, pensando que eram normais.

Um sonho que tive em meados de 1980 causou muito impacto em mim. Sonhei que estava voando sobre o quintal da frente da casa de minha avó com um bando de pássaros azuis-claros. Olhei para baixo e vi minha mãe parada na porta da frente, dizendo-me para entrar porque uma tempestade estava vindo. Lembro-me de estar rodeado daqueles pássaros e saber que estava bem, que estava protegido. Tentei dizer à minha mãe que eu estava bem, mas ela estava realmente preocupada e continuou tentando me fazer descer do céu e entrar. Eu sabia que era um sonho especial porque raramente sonhava com cores. Mesmo assim, não sabia de fato, naquele tempo, o que o sonho significava.

Naquele mesmo ano, eu fazia uma patrulha com um grupo de prevenção ao crime chamado Anjos Guardiões na Virgínia. Tínhamos nos intrometido e apartado uma briga entre duas meninas, mas a multidão que estava assistindo não queria que a briga terminasse.

Então a multidão e as meninas se voltaram contra nós. Eu era o líder da patrulha e havia somente sete de nós, três deles recrutas novos. Sabia que tínhamos de nos retirar, mas não queria simplesmente sair correndo porque provacaria a multidão e a faria vir atrás de nós ainda mais violentamente. Então, simplesmente começamos a caminhar, mas a multidão nos seguiu atirando pedras e se tornando mais vociferante e violenta a cada minuto.

Um dos membros da minha equipe, era uma mulher que se chamava Cathy, a qual estava agarrada numa de minhas mãos e outro membro chamado Aaron na outra. Aaron estava ficando nervoso e queria retaliar, mas continuei puxando-os e dizendo: "Temos que ir embora, temos que ir embora". Depois que finalmente alcançamos a segurança numa loja de conveniência próxima, percebi que faltava um de nossos membros. Tirei minha boina vermelha e minha camiseta branca dos Anjos Guardiões para não ser facilmente identificado e voltei através da multidão procurando por ele.

A coisa realmente interessante sobre aquela noite é que em nenhum momento fiquei preocupado comigo. Só queria tirar meu grupo dali em segurança. Cathy, de quem sou bom amigo até hoje, me disse mais tarde que as pessoas estavam me batendo com bastões enquanto eu a arrastava e ao Aaron, e eu não lembro disso. Não somente isso, mas o membro que ficara separado de nós terminou ligando para minha casa e perguntando à minha mãe se ela sabia de mim, o que foi um grande erro. Isso realmente a apavorou, pensando que algo tivesse acontecido comigo. Então ela me ligou, e eu lhe disse para não se preocupar, que tudo estava bem.

E então me lembrei do sonho. Justamente como naquele sonho, minha mãe estava preocupada e me chamando, e eu dizendo a ela que estava bem. Sabia que estava seguro, que estava totalmente envolvido por Deus – não havia realmente maneira de não estar. Isto porque, embora a multidão estivesse nos ameaçando, eu estava completamente despreocupado de minha própria segurança – nem um só pensamento. Eu só sabia que tinha de proteger o meu grupo.

Esse incidente me levou a um sonho de esclarecimento muito poderoso. Eu estava na Alemanha numa turnê pela Europa em meados dos anos 1990. Em meu sonho, eu estava numa festa. Não era em minha casa, mas eu estava no comando. Meu objetivo era assegurar de que todos ali estivessem seguros e felizes. Havia somente homens na festa e eu estava circulando e perguntando se todos estavam bem, se alguém precisava de algo. As pessoas estavam fazendo solicitações – posso lembrar de certas pessoas perguntando pelas mulheres. Sabia, eu podia conseguir tudo o que pedissem. Mas era minha responsabilidade me assegurar de que qualquer coisa que fosse concedida a eles fosse usada de modo responsável. Se fossem mulheres, era somente pela energia feminina, pelo companheirismo e não pelo sexo.

Para conseguir, algo solicitado eu tinha que pegar um receptor, um tipo de telefone, que fazia uma conexão direta com o qual eu chamaria Deus, embora nenhuma terminologia fosse usada no sonho. Teria que pegar um receptor e sussurrar um juramento o qual a ninguém mais era permitido escutar. Basicamente, o juramento estava afirmando que eu me responsabilizaria totalmente pela solicitação. No final da festa, a mim foi concedido um dom enquanto uma voz em minha mente dizia: *Este é para você*. Era a mesma voz que falava comigo ao receptor.

Quando acordei, liguei para minha mãe e minha avó para contar sobre o sonho e pedir sua interpretação. Elas ficaram muito alegres e disseram que o propósito do sonho era me ajudar a ver qual o meu papel na vida. E vejo agora que o papel que tenho desempenhado na vida é ajudar a tomar conta das pessoas e fazer com que coisas boas aconteçam a elas. O sonho também esclareceu que, qualquer coisa que eu faça para as pessoas, tenho de ser responsável por minhas ações, mesmo a ponto de assumir parte da responsabilidade pelo que *elas* fizerem com aquilo.

Então, em 2000, dirigi meu primeiro acampamento musical para baixistas. Eu o chamo de acampamento contrabaixo/natureza porque ensinamos a consciência natural, como usar as paisagens exteriores e a natureza para aperfeiçoar tudo o que fizermos na vida. Como era essencialmente um acampamento musical, eu não estava seguro de como as pessoas iriam tomá-lo, porque fazemos um monte de exercícios do tipo espiritual, muitos dos quais de olhos vendados, como fazer as refeições e caminhar nas florestas. No último dia, estávamos caminhando em torno do acampamento enquanto as pessoas empacotavam seus pertences para partir. Um adolescente veio a mim com lágrimas nos olhos e disse: "Sabe, Victor, quando cheguei aqui, estava olhando em volta e pensando: "Oh, meu Deus, ali está Victor Wooten! Mas agora vejo *todo mundo* dessa maneira especial".

Naquele momento percebi que conseguíramos; era exatamente isso que estávamos buscando. Escutar aquele jovem, e ver aquele adolescente macho com lágrimas nos olhos e dizer isso num acampamento musical – pensei: *Uau, realmente conseguimos algo espantoso*. Ele extraiu muito mais do acampamento do que simplesmente em como aprender a tocar seu instrumento. Comecei a chorar e dei nele um grande abraço. Então reuni todos os instrutores e contei a eles o que tinha acabado de acontecer. Agradeci a todos e os abracei também

Uso o juramento do meu sonho até hoje. E descobri que tenho sido capaz de, por falta de termo melhor, ajudar as pessoas a se descobrirem através do talento que me foi dado, que é a música. Por meio desses acampamentos tenho sido capaz de usar a música para ajudar pessoas a crescerem e a se descobrirem. E através disso tenho crescido muito também. Tenho sido capaz de descobrir meu próprio eu e responder questões sobre minha própria vida através da ajuda aos outros.

Pensamentos Finais

Estas histórias me inspiraram e tornaram-se parte de mim. Espero que tenham o mesmo efeito sobre você. Frequentemente me descubro pensando nelas no dia a dia. Se estou enfrentando um desafio que particularmente me intimida, seja encontrando um amigo para jantar ou simplesmente contando minhas bênçãos, imagino esses contadores de histórias me animando, me encorajando a aproveitar o dia, desafiando-me a alcançar os outros por meio da amizade e do amor.

Este livro foi um trabalho de amor. Olhando para trás, fico maravilhado em como, sem esforço, todas as suas peças entraram em seu devido lugar. E estou feliz em poder partilhá-lo com você. Desejaria poder partilhá-lo também com meu pai. Se isso pareceu a você uma introdução para mais uma história, acertou.

Três anos atrás, meu primeiro livro foi publicado. Era um livro sobre negócios, e eu o levei a St. Cloud, Minnesota, para dar uma cópia à minha mãe. No caminho de volta para casa em Minneapolis, parei na casa de repouso para ver meu pai. Ele estava sentado na sala de estar no Departamento de Alzheimer, esperando pelo almoço. Bem, isso não é inteiramente verdade; ele não estava esperando pelo almoço, ou por qualquer outra coisa. Estava simplesmente sentado à mesa, tombado em sua cadeira, a boca aberta, o olhar vago.

Como de costume, não reagiu quando caminhei em sua direção. Eu me sentei e disse: "Papai, escrevi um livro. Veja, meu nome está na capa". Ele olhou distraído para a frente. Disse a ele que, em toda a minha vida, sempre que escrevia alguma coisa da qual ficava orgulhoso ele era a primeira pessoa a quem eu queria mostrar. E então uma coisa espantosa aconteceu – ele começou a chorar. Abraçando-o disse saber que ele compreendia o que eu estava dizendo e que isso significava o mundo para mim. Ele chorou mais duas vezes antes que eu partisse. Eu pensava que ele tinha nos deixado muito tempo atrás, mas, de algum modo, de alguma maneira, ele tinha quebrado a barreira de sua mente arruinada para que eu soubesse que ainda estava lá e que ainda se orgulhava de mim. Três meses depois, ele faleceu.

Esta história me tocou profundamente e suspeito que vá tocá-lo também. Todos perdemos seres amados e temos também experimentado agradecidamente ou desejado arrependidamente alguma forma de encerramento ou despedida na décima-primeira hora. Histórias como a minha, embora profundamente pessoais, são também universais; elas tocam uma corda e reverberam nos corações e mentes de incontáveis pessoas. Os detalhes de suas histórias podem ser diferentes, mas os sentimentos, as emoções, são os mesmos.

Todos temos histórias que merecem ser ouvidas. Partilhar uma história com os outros forja laços profundos e duradouros e cria um sentimento de comunidade. Podemos nunca conhecer o narrador, mas após ler apenas alguns parágrafos, sentimos como se o conhecêssemos, como se existisse mais um ser humano no planeta no qual podemos confiar, com quem podemos partilhar nossas vulnerabilidades.

Gostaria de escutar a sua história. Se você está disposto a partilhá-la, por favor, envie através do meu site: www.sixtysecondsbook.com. Não se esqueça de adicionar o site a seus favoritos e visite-o frequentemente para se atualizar com todas as poderosas e pungentes histórias que postarei.

Gostaria também de escutar seus pensamentos sobre este livro. De quais histórias você gostou mais e por quê? Quais você dispensaria? Gostaria de ler outra coleção destas histórias? Valorizo e quero a sua opinião. Não hesite em mandar um e-mail para mim em sixtyseconds@mac.com.

Obrigado por seu apoio e amizade – e por ser parte da minha história.

**INFORMAÇÕES SOBRE NOSSAS PUBLICAÇÕES
E ÚLTIMOS LANÇAMENTOS**

Cadastre-se no site:
www.novoseculo.com.br

e receba mensalmente nosso boletim eletrônico.

novo século®